ベイスターズ再建録

―「継承と革新」その途上の10年―

ベイスターズ再建録

―「継承と革新」その途上の10年―

目次

はじめに

横浜ＤｅＮＡベイスターズ10周年。

球団公式サイトの「企業情報」には星のカタチになぞらえて、５つの行動規範が記されている。「Have Fun」（まず自分たちが面白がる）「Make a Buzz」（ザワつかせてやろう）「Never Before」（今までにないことを、今までにないやり方で）、「Be Humble」（謙虚に、胸をはろう）、「Local but Global」（横浜発の、世界初を）。そして最後に「5Stars Way All For Funs」（すべてはファンのために、５つ星の信条）とくくる。ここで働く職員たちの熱やプライドが、垣間見える。

メモリアルイヤーの２０２１年、〝2代目〟岡村信悟球団社長からバトンタッチを受けて木村洋太副社長が社長に就任した。

38歳の新しいリーダーは、ＤｅＮＡ1年目の２０１２年にコンサルタント企業から半分の年俸で転職してきた〝生え抜き〟。この５つの星の信条を、率先してやろうとしてきた人でもある。

１９９８年のセ・リーグ優勝&日本一以降、ベイスターズの成績は低迷し、横浜スタジアムには閑古鳥が鳴くようになった。誰が言ったか、お荷物球団。経営権はマルハ（現在マルハニチロ）からＴＢＳに移り、そして新興のＩＴ企業ＤｅＮＡへと渡った。

モバゲーの企業で大丈夫なの？　そんな揶揄する声も聞こえてくる。さらなる暗黒を危惧する雰囲気すらあった。

春田真オーナー、池田純球団社長の陣頭指揮のもと「継承と革新」を合言葉に、球団でくすぶっていた人たちを活かし、木村のように他業種からも多種多様な人材が集まってきた。ヤル気を導く組織にしようとした。

野球経営にド素人であっても、熱意だけは負けなかった。

横浜スタジアムを満員にすべく、イベントとチケットで頭をひねり、「アクティブサラリーマン」にターゲットを絞った。横浜市や神奈川県への地域密着、野球振興を進めた。チームにも人材開発、ＩＴ化のメスを入れた。２０１５年1月にはＤｅＮＡ創業者の南場智子氏がオーナーに就任。横浜スタジアムとの一体経営をスタートさせ、オリジナルビールにもチャレンジした。その一方で大洋ホエールズ時代からの伝統やＯＢを大切にする。赤字体質の球団は、黒字に転換した。２０１６年10月、総務省出身の岡村信悟氏が球団社長になり、経営は次のステップに進んだ。

スタジアムには、いつもにぎわいがあった。音楽もイベントも演出も飲食も、すべてにこだわった。自分たちで面白がって、今までにないやり方でザワつかせて、謙虚に胸をはって、横浜の地から発信していく。

株式取得前の２０１１年シーズンに１１０万２１９２人だった観客動員数（主催72試合）はまさに右肩上がりでアップしていく。約22年ぶりにリーグ２位となり、横浜スタジアムで初めてクライマックスシリーズを開催した２０１９年シーズンには過去最高となる２２８万３５２４人を記録した。２０１１年から２・１倍に増加、座席稼働率は98・９％にまで達した。タダでチケットを配っても集まらないと陰口を叩かれたスタジアムが、10年掛けてチケットが取れないスタジアムとなったという奇跡。

「ベイスターズ再建録」と題した本書は、木村をはじめ20人を超える現球団職員にインタビューをして10年の軌跡をたどることにした。球団内部から、どのように変革していったのか——。横浜ＤｅＮＡベイスターズの初代監督として引っ張った中畑清氏、ＧＭとしてチームの骨格をつくった高田繁氏にも話を聞いた。現場を引き継いだ三浦大輔監督にも思いを聞いた。

本書はビジネス本の範疇ではなく、球団経営とチームづくりに命を燃やしている人々のノンフィクション本と捉えていただければ幸いである。

木村にバトンを渡した岡村信悟〝前社長〟は株式会社ディー・エヌ・エーの代表取締役社長兼執行役員最高経営責任者（ＣＥＯ）に就任した。一方で今なお横浜スタジアム会長として、週に2度スタジアムで職務をこなしている。

4年半の任期では行政やパートナー企業を巻き込んで横浜の街ににぎわいを生み出す構想「横浜スポーツタウン構想」を打ち出し、横浜スタジアムの大規模な増築・改修工事にも踏み切った。横須賀にファーム施設「DOCK OF BAYSTARS YOKOSUKA」も完成させている。「プロローグ」を執筆するにあたり、職員たちにどのような視線を向けていたのかを尋ねた。

彼はハキハキとした口調でこう語った。

「球団には元からいた社員、ＤｅＮＡになってから入ってきた社員、スタジアムで言えば40年間ここで働いている人もいます。素晴らしいと思えたのは、みなさん野球が好きだということ。その思いの強さをリスペクトして、社長である僕が決めるよりも社員が何を思っているんだろうと、考えることを大切にしてきたつもりです。プロ野球、スタジアム、ひいてはスポーツというものが社会とどう関わっているのか、地域との結びつきにおいてどのようなことが理想として描けるのか、俯瞰的に見ていくのが私の役割だったと言えます」

横浜スタジアムの大規模な増築・改修工事は2020年2月に完了した。レフトスタンドに「ウイング席」を新設し、最大収容人数は3万4046人まで増えた。コロナ禍による入場者制限のため、ウイング席を含めて満員で埋まるスタジアムを見られないまま退任になってしまったことを残念がった。

地道な取り組みによって人でにぎわうスタジアムになったことを、どう感じているのか。そしてこれからのベイスターズに託すものは何か。

「以前はファン、地域、球団、球場の間にあるパイプが目詰まりを起こしていたところがあったように思います。球団はそれぞれに懸命に働きかけ、取り除こうとして、みなさまにも反応していただいた。地域が球団、球場に何を求めているのか、ファンが何を求めているのか。もし働きかけたものが違うのであれば、別のものを用意すればいい。とにかくそういったコミュニケーションを増やしてきて、エネルギーが生まれたと感じています。これからもそうやっていくことが大切だと思っています。

あのとき佐野恵太のホームランをみんなで見たよねって個人史のなかで一緒に語られたら、地域の文化として根づいていく。横浜、そして神奈川で暮らす人たちの生活をもっと豊かにするきっかけになる存在になりたいし、なってほしい。

木村社長は偶然ですけど、中、高、大学とすべて後輩。ロジックに偏っているわけではなくて、非合理な部分もある。それは何かと言ったら、大がつくほどの野球好き。地域、人に対する優しい眼差しもあります。経営者というのはいろんな人を包み込むようなところがなければなりませんが、彼はそういうところも持っています」

今はまだ再建の序章に過ぎない。

地域、ファンと一体化し、文化財となるべく進み始めただけ。クライマックスシリーズ、日本シリーズに進出したとはいえ、セ・リーグ優勝も、日本シリーズ優勝もない。やらなければならないことはヤマほどある。

しかしながら目指すべきこと、やるべきことははっきりと見えている。「5つ星の信条」をブラッシュアップしていけば自ずと道は拓けると、横浜ＤｅＮＡベイスターズで働く者たちは信じている。

笑いあり、涙あり。

悔しさあり、喜びあり。

10年間の戦いがあるから、今がある。

2021年シーズンは記念デザインとしてチームウェアには「XYDB」の文字が入る。

無論、Xはローマ数字の「10」を意味するが、掛け算の「×」にも見えてくる。横浜DeNAベイスターズに何を掛ければ、面白いのやら。

野球を、ベイスターズを、地域を、ファンを愛する者たちの思いが詰まった10年間の奮闘ぶり。再建録であり、立ち返る場所であり、それはまた未来への羅針盤でもある――。

第1プロジェクト

「ベイスターズを変えろ！」

1　中畑清（横浜DeNAベイスターズ初代監督）

空は青く、海は青く。

2011年12月9日、横浜DeNAベイスターズの新監督に就任した中畑清は横浜の景色を一望できるランドマークタワー最上階の会見会場から出ると、汗でグショグショになっていることに気づいた。

報道陣でぎっしり、しかも1時間超、喋りっぱなし。笑いあり、いやいや笑いばかりの会見だった。記者から「コンディションはどうですか？」と振られると、ニヤリと笑う。

「それ、言わせたいんでしょ？　ゼッコウチョーは選手のみんなが使ってくれればいいと思います。これからは〝熱いぜ！〟をキャッチフレーズにしたい。熱いぜ、ハマスタ！　熱いぜ、DeNA！」

ちょっと熱くなりすぎた。いやあまりの急展開に熱い男のボルテージが上がるのは無理もなかった。

風雲急を告げるのは、この9日前のこと。

DeNAによるベイスターズの株式取得とオーナー会社変更がプロ野球オーナー会議で承認されたというニュース番組を、中畑は東京・調布市にある自宅で見ていた。先月にTBSホールディングスから総額95億円で買収されるという発表もあった。新進気鋭のIT企業とは聞いていたが、何の事業をやっている会社なのかも分からない。ＩＴ関連では福岡ソフトバンクホークス、東北楽天ゴールデンイーグルスに続いて３社目。セ・リーグにも新しい風が吹いてきたなと漠然と感じるものはあった。

その風が、まさか自分に向かっているとは思いもしなかった。

数日後、読売ジャイアンツ時代の大先輩で近くに住む高田繁がママチャリでふらりとやってきた。東京ヤクルトスワローズの監督を退任して以降、プロ野球から距離を取っていただけにベイスターズのＧＭに就任したことは驚きだった。

〈まさか、だよな〉

しょっちゅう一緒に食事をする仲。「いつかお前に一度、監督をやってもらいたい」とは口グセのように言ってもらってはいたが、先輩のリップサービスだと受け止めていた。口の堅い人だけに、本人からはＧＭ就任の話を事前に聞かされていない。それに、玄関のドアを開けたらジーンズ姿で、木枝つきの柿を手にしている。緊張して損した気分になった。

だが、そのまさかだった。

「工藤と交渉しているが、決裂する可能性がある。もしそうなったら引き受けてくれるか」

心臓が止まりそうになった。埼玉西武ライオンズで現役を続けていたベイスターズＯＢの工藤公康（２０１１年シーズンを最後に引退）に新監督を要請していることは知っていた。コーチ人事でお互いに譲れない部分があるという話も出ていた。

決裂したら、俺に?

信じられない気持ちを抑えて、高田の目を見据えて言った。

「そうなったら二つ返事しかないですよ。でも工藤ともう一度話し合ってみてください。それでダメなら話を聞かせていただきます」

中畑の目には高田が安堵したような笑みを浮かべたように見えた。そのときはまだ真意が分からなかった。


程なくして高田から連絡が入った。正式な就任要請だった。中畑はピンと来た。きっと工藤との交渉は既に打ち切られていて、あれは〝最終面談〟だったんじゃないか、と。ジーンズ姿でやってきたのも、俺を油断させて監督にふさわしいかどうかを判断するためだったんじゃないか、と。


監督とは常に冷静に判断しなくてはならないものだ。打診されてすぐにその話に飛びついていれば、この要請は消えていたのかもしれない。そう思うと、ブルッと身震いが起こった。

どんな条件でも引き受けるつもりだった。高田から伝えられたことにすべて「YES」を伝えたら、就任会見は何と明日だという。

てんやわんやとはまさにこのこと。ベイスターズをイメージするブルーのネクタイを探して身支度を済ませ、あの日ランドマークタワーに向かった。契約書へのサインが終わってないなかで就任会見に臨んだ。

熱気ムンムンの会場を出て、ハンカチで汗を拭きながら向かったのが横浜スタジアムの傍にある球団事務所だった。

新体制がスタートしてまだ10日も経ってないとあって、中畑の目にもバタバタしている社内の様子が飛び込んできた。だだっ広いフロアにざっと50人くらい。新監督は足を止めるや否や、大きな声で「こんにちは！」と挨拶した。

小さい声の「こんにちは！」がパラパラと聞こえるくらい。

さっきまでの熱いぜ！がここにはない。まったく別の熱さが、すっと胸にこみ上げてくる。隣にいた池田純球団社長に、あとで球団職員全員を集めてもらえないか、とお願いした。

契約書にサインを済ませ、集まった社員の前に気合いの入った中畑が出てきた。

大きく息を吸ってから、全員の胸に届くようなデカい声でこう訴えた。

「監督として初めて挨拶させてもらったけど、反応してくれた人はほとんどいません。なんですか、この覇気のなさは！　覇気がない。目が死んでますよ。これからお互いに頑張っていかなくちゃいけない。挨拶くらい、目と目を合わせてちゃんとできるような人間づきあいをしようじゃねえか！　そうじゃなかったら目的なんか達成できねえぞ。真剣にやろうぜ、もう1回やろうぜ」

闘魂注入ならぬ熱いぜ！注入。

2度目の「こんにちは！」の大声を、50人分の「こんにちは！」がかき消した。

ノリでやったわけじゃない。この新しい球団を先頭に立って変えていくという本気を伝えたかった。そのためには球団職員の意識も変えなきゃいけないと、リトルキヨシがささやいた。チームと職員の壁なんて取っ払って、みんなで熱いぜ！をやっていかなきゃならない、と。

10年以上前になる出来事ながら、中畑の記憶には瑞々しく残っていた。

「職員のみなさんとの挨拶が最初にやった仕事だね。ＤｅＮＡがやってくるまでにも球団の身売りの話はあったし、よどんだ空気になるのも仕方がないところはあるよ。俺が職員でもそうなっていたかもしれない。でも新しい体制になったんだから、一緒に変わっていきましょうっていうメッセージを送りたかった。これって監督の仕事じゃないよ。でも俺もプロだけど、みなさんだってプロ。熱を持って、覇気を持って動いていかないと、お客さんが集まる球団になんてなれない。お通夜みたいな雰囲気じゃ絶対に、いいものはつくれないから」

中畑が吹き込んだ新風は、球団職員たちの意識を変えていくことになる。

2　青木慎哉（現在はコーポレート本部総務部部長）

球団事務所で中畑の言葉を聞いた一人に、ファーム担当を務める青木慎哉がいた。

横浜生まれで横浜育ち、小学3年生からガチな横浜大洋ホエールズファン。とにもかくにも遠藤一彦が好きだった。ベイスターズになってから愛は一層強まった。日本一になった１９９８年の日本シリーズ第６戦は、横浜スタジアムのスタンドで声援を送り、権藤博監督の胴上げを見届けた。そのまま街に繰り出すと、ファンがバスの上にのぼって喜んでいた光景が今も目に焼き付いている。学生モニター制度を使って球団と接点を持っていたこともあって「ベイスターズで働いて、職員の立場で日本一を経験する」が夢になった。

ＴＢＳに経営権が移っていた２００３年に念願かなって職員となり、球場演出、ファームチーム・湘南シーレックスを担当してきた。大好きなベイスターズを仕事にする日々は充実していた。

あまり明かしてこなかったが、ホエールズファンの前はジャイアンツファンで中畑清も好きだった。目の前にその人がいることを何だか不思議に思えた。

「こんにちは！」の声は聞こえたが、挨拶に口ごもった。いや移行期にある会社が、そういう空気でもあった。

違う会社にいるような気分。前年はＴＢＳから住生活グループ（現在のLIXILグループ）への身売り話が頓挫し、有能な職員たちも抜けていった。あの日本一以降はチームの成績も鳴かず飛ばずで、横浜スタジアムも観客が入らない。そんな状況のなか、12月前までいた幹部はいなくなり、「見たことのない人たち」がその席に座っている。事務所はスーツが基本と刷り込まれている青木に、「ジーンズ姿でＰＣを持って会社を闊歩する人」はあまりに衝撃的すぎた。旧体質で迷走中の組織と、黒船のごとく襲来してきた野球にまったくゆかりのないＩＴ企業。幕末の徳川幕府が混乱したのもよく分かる。新体制になって会社の雰囲気は何だか殺伐としていた。

覇気がない。目が死んでいる。

中畑の言葉は衝撃だった。自分のことを指して言っているのかもしれない。体制が変われば、自分もどうなるか分からない。IT企業に乗っ取られたと、ケツをまくって実際に辞めていく人もいた。

選手から球団職員に転職した畠山準の言葉を思い出していた。畠山はホークスの経営権が南海電鉄からダイエーに移ったときを、それにベイスターズでマルハ（現在のマルハニチロ）からTBSに移ったときを経験している。

「これからどんどん変わっていくよ。南海からダイエーに変わったとき、人もどんどん入れ替わっていったから。DeNAになったら、きっとそうなっていくと思うよ」

ネガティブに捉えてはいなかった。

ふるい落とされないように頑張っていくしかない。中畑に返した2度目の「こんにちは！」は、そんな決意を引き出されたのかもしれない。

体制が変わればルールも変わる、ロゴからマスコットまですべてが変わる。ファーム担当の仕事はスタンバイ状態が続いていた。そんなときに新しくやってきた広報部長から、どういうふうに広報活動していけばいいかを尋ねられた。

「一般のファンは最初に選手から入っていきます。選手を入り口にして、チームを好きになってもらいたい」

選手の魅力を、チームの魅力に。

この一言が、会社を動かした。熱意を買われて青木は1月よりチーム付き広報を命じられた。選手たちと球団内部、そしてメディアやファンなど外部をつなぐ重要な役回り。野球未経験者がこの職につくのは珍しかった。

湘南シーレックスを担当していたころ、何としてもファームの選手を売り出したいという思いが強かった。

２０００年に立ち上がった湘南シーレックスのコンセプトは斬新だった。実質、ベイスターズのファームだが「13番目のプロ野球チーム」を謳い文句に、横須賀スタジアムをホームに、ロゴマークも旗も歌も変えた。バッターボックスに入る際に流す出囃子は一軍よりも先に取り入れた。湘南シーレックス担当は青木を含めて４人。広報業はもちろんのこと、チケット販売やイベント企画、試合運営もその少人数で回していかないといけない。ファームにファン感謝デーがあるのも珍しかった。

来場者を増やすために、横須賀市や商工会議所などにも協力をお願いして、子供たちにカブトムシをプレゼントする企画もやっている。

地元新聞社が週に1回、横須賀版にシーレックスの情報を伝えてくれていたが、それがなくなると青木は球団のホームページにファームで頑張っている選手を取り上げて、自分で書いて記載した。ファン向けの雑誌「月刊ベイスターズ」ではファームの記事を執筆するようにもなった。取り上げられないなら、自分たちで伝える。中畑に負けない熱が元々あったのだ。

2012年2月1日、沖縄・宜野湾キャンプの初日には、中畑効果もあって多くのメディアと多くの観客でにぎわっていた。

球団職員を集めたあのときのように中畑は自分たちの前に選手を集めた。外部に見せる「熱いぜ！」の顔ではない。厳しい表情で選手たちをにらみつけていた。返事の声が小さかったからだ。

「お前ら、YESかNOか、その返事からちゃんとやれ。まずはそこからやってくれ」

その言葉はあらためて自分にも向けられている気がしていた。

3　萩原龍大（現在は常務取締役兼チーム統括本部本部長）

経営権を取得したDeNAから〝先兵隊〟として、萩原龍大は関内にある球団事務所に足を踏み入れた。まだ30代前半だが、人事畑を歩んできたその道のプロである。まずは人よりも職場環境を把握しておく必要があった。

目を丸くすることの連続だった。

「エレベーターを降りたらそのまま執務スペースに入れるってことにまずびっくりしました。喫煙所もいろんなところにある。会議室もない。組織を変更したら、組織図をメディアに配るということなど今までの自分の常識にはない。そんなことがたくさんありましたね」

デスク一つとっても鼠色の年代物を使っていて、アクリル板に緑の布を敷いていた。「まるで職員室みたいだな」と心のなかでつぶやいていた。ＩＴインフラはまったくと言っていいほど整備されていない。会社のサーバーは、「単位はギガが普通」という時代に５００メガバイトしかなく、愕然とするしかなかった。ＰＣも一人１台支給されておらず、社内の重要連絡は紙の書類で回っていた。

「開幕する4月までにやらなきゃいけなかった。時間的な余裕はない。大袈裟じゃなくて１、２カ月はほぼ寝る暇もなく働きました。あんなに働いたことないですよ（笑）。だってそうしないと間に合わないので」

まずはハード面から。

サーバーの容量を上げ、セキュリティーを含めて社内のインターネット環境を整備した。ＰＣとスマホを職員一人ずつに支給し、「Google Apps」（現 Google Workspace）でスケジュール管理や情報やデータを共有できるようにした。部署が違っても、これによって会社、部署、個々の動きを把握できる。デジタル化を進めて、仕事の効率化を図っていく。

「Google カレンダーを入れたのが大きかったですね。これまでは誰がどう動いているのかさえ分からなかったわけですから」

管理というよりも促進。会社の動きが見えることで、自分の仕事に照らし合わせやすくなった。

職員室のようなデスクも変えた。オフィスのカラーはモノトーンをベースにした。会議室もつくって、外からでも予約できるようなシステムも作成している。ＩＴ業界では当たり前になっていることに、一つひとつ近づけた。

オカネを掛けられたわけではない。ベイスターズは赤字続きの球団。ＤｅＮＡとしても資金を存分に注ぎ込める状況でもない。オフィス整備はＤｅＮＡ時代の人脈やつきあいを駆使しつつ、「半額くらいまで値切らせてもらって、やっていただいた」。

次はソフト面の改革。

「会社の仕組み全般も、昭和からのものが取り残されていました。稟議制度は機能しているとは言い難く、規定に関しても要らないものがいっぱいある。ここの仕組みをまず整えなければならなかった」

職員全員を面談した。これには2つの意味があった。会社の内情を把握するのと、それぞれが思っていることを知っておきたかった。新しい会社からやってきた30代前半の上司に、明らかに嫌悪感を示す年配の職員もいた。仕事に対するギャップもあった。萩原は会社の方針もあって粛々と人員整理を進めていく。辛い決断もあったが、振り返ってはいられなかった。

「買収する側と、買収される側。敢えてそういう言い方をしますけど、組織のなかに入ってみたら（反発は）凄かったように感じます。でもそれを気にしているほどの時間的な余裕なんてなかった」

ＤｅＮＡ体制に変わってすぐに打ち出したコーポレートアイデンティティが「継承と革新」だった。すなわち新しいものを導入するばかりでなく、元々のポテンシャルを活かしていきたいという思いを反映した。つまりはこれまで働いてきた人たちをリスペクトし、一緒に変えていきたいという揺るぎない意志だった。

〝仕事をしやすい環境整備〟は、他ならぬ職員のため。始業も「ナイターが多いのに、始業が早い」と9時半に変えている。時間の余裕がないにもかかわらず、かゆいところにも手を伸ばそうとする黒船が、理解を得られるのにそう時間は掛からなかった。

萩原は言う。

「発想としては、ＤｅＮＡの良い仕組みを持ち込むっていうことです。これは球団にも入れたら活きるってものは絶対にあるので。オフィスの環境を変えるだけでも全然違ってきます。このオフィスを持っているなら、ちゃんと仕事をしなくちゃいけないっていうふうな思想に変わってもらうイメージ。仕事がしたくなるような雰囲気になったのかなとは思います。オフィスが人に与える影響ってもの凄くでかいというのはＤｅＮＡで経験していましたから」

わずか5カ月の間に、やり遂げた。萩原のもとに職員から御礼のメールが届いた。人には見せなかったが、余力は残っていないほどまでに身を削ってきた。御礼の言葉が、疲労困憊の肉体と精神には一服の清涼剤になった。

「ＤｅＮＡって僕が入社したころは１００人くらいしかいなくて、コーポレートにいたら、総務だろうが人事だろうが、何でもやるだけでした。ベイスターズに来てみたら、職員同士のつながりが強くて、人間味もあって、これは継承すべきいいところだなって。それにＤｅＮＡのときは直接、お客さんの反応を見ることって難しい。それがプロ野球の世界は直にリアクションを見ることができる。こういう良いところを、もっと有効にやっていこうって思いました。もちろんそれは僕だけが感じたことじゃないと思いますけど」

ベイスターズは死ぬほど弱いと聞いていた。

だが蓋を開けてみたらオープン戦は3位と大健闘。環境が変われば、職場も変わる、チームだって良くなる。クールな萩原にホットな感情が湧き出ていた。

4　監督は営業本部長

やると決めたらすぐにやる。早い行動は実にＩＴ企業らしい。

「継承と革新」は、チームでも。注目された新ユニフォームは１９９8年の日本一をモチーフにした白地にピンストライプが採用された。コーチングスタッフに目を移しても、山下大輔、高木豊という偉大なＯＢたちを呼び戻している。この継承路線は、変化を注視していたこれまでのコアファンの胸を撫でおろさせた。

ＯＢを大事にする。これは中畑にとって願ってもないことだった。監督就任時、球団に要請していたことだ。

「ベイスターズはもっとＯＢを大切にすべき。キャンプでも線が引かれて、それ以上中に入っていけない。部屋も用意されていない。プロ野球のＯＢに対してもそう。もっと見に来てもらえるような環境にしないといけない」

キャンプからにぎわいを見せ、多くの人に見られていることによって選手の意識も変わってくる。オープン戦の初戦は読売ジャイアンツ戦だった。中畑は試合前に選手を集めた。

「俺はジャイアンツに大変世話になった。でもきょうここで決別する。俺の気持ちを少しでも汲んでくれるなら戦う集団になってほしい」

オープン戦とはいえ初陣に勝って「これからはジャイアンツファンに嫌われる男になります！」宣言は、メディアにも大きく取り上げられた。オープン戦３位という成績は、チームのポジティブな変化をあらわしてもいた。

監督は営業本部長。

「メディアに取り上げてもらってナンボ」と言い切る中畑はいかなるときでもメディアに出て、どれだけ大きく扱われたかをチェックした。「熱いぜ！横浜ＤｅＮＡ」のスローガンも、いろんなバージョンに及んでいく。機動力野球を掲げたら「せこいぜ！」。それでも扱われることが中畑にとっては大事であった。

ただ戦力はセ・リーグの他球団と比べると一枚も二枚も落ちる。厳しい戦いになることは中畑も覚悟のうえだった。阪神タイガースとの開幕3連戦こそ1勝1敗1分けで乗り切ったものの、4月4日からは6連敗を喫した。ノーヒットノーランを食らい、46回連続無得点は球団ワーストに。気がつけば指定席の最下位に落ち着いてしまう。

〈こりゃあ100敗するな。だったら100敗すればいいじゃん〉

心の声が胸に響いた。開き直れた気がした。選手にも「あきらめないで戦うことができたら、100敗して構わない」と伝えた。カラ元気ではない。あきらめない姿勢をファンに見せることが大事なんだと己にも言い聞かせた。

DeNAに体制が変わったからといって、人気者の中畑が監督になったからといって、急激に来場者が増えるわけではない。球団はファンを呼び込むためにユニークなイベント、チケットを打ち出していくようになる。

前代未聞のチケットが、ベイスターズファンを、いやプロ野球ファンをざわつかせた。

その名も「全額返金!?アツいぜ!チケット」。書き入れどきとなるゴールデンウイークのホームゲーム6連戦(5月1~6日)で実施された。

話題づくりという意味では、ざわつかせた時点で成功なのかもしれない。

概要はこうである。1枚4000円のこのチケットは、購入者が試合に満足できなければ負けた場合に最大全額、勝った場合でも半額の払い戻しができる。雨天中止になった1試合を除き、用意された１日50枚のチケットは完売した。

初戦こそ東京ヤクルトスワローズに０－７で敗れたものの、奮起したチームは計５試合で３勝１敗１分け。こどもの日に行なわれた中日ドラゴンズとの第２戦は12－１と爆勝した。しかし購入者の半分以上が払い戻しをしたことを知った中畑は、怒りをぶちまけた。

中畑は社長の池田を呼び出した。

「こんな屈辱はない。俺たちは勝利という最高のプレゼントをした。負けて返金なら納得できる。でも勝ってもこれじゃ、勝とうとする気持ちを損なってしまう。お前たちは現場の気持ちを分かってない！　こんな企画は２度とごめんだ！」

中畑とて、池田をはじめ職員たちが観客を集めるために必死になって新しいアイデアをひねり出そうとしていることは理解していた。選手たちにもファンサービスを促し、それを先頭に立ってやっていたのも中畑だった。

「協力できるものは何でもやらせてもらう。しかしチームをリスペクトしないものはダメだ」

中畑は池田を「やんちゃ坊主」と呼んだ。30代の若い社長で、なめられたくないっていう気持ちも伝わってくる。「それ、おかしくないですか」と指摘されて、逆に声を荒らげたことだってある。中畑も本気、池田も本気。ぶつかることは当然だった。

「やりすぎだろ、これは」

６月10、11日、横浜スタジアムでのセ・パ交流戦、東北楽天ゴールデンイーグルス戦に向けたポスターには「イーグル」を〝怪獣〟に見立て、地球防衛軍風の中畑が退治に向かうというイラストが描かれていた。DeNA参入に12球団で唯一最後まで反対したのが楽天とあって、それを逆手にとって「球界参入感謝キャンペーン『ありがとう！シート』絶賛発売中‼」と大きく打ち出したのだ。

相手をリスペクトするのが野球、それが中畑の考え方。

集客に使えるものは有効活用する、それが球団の考え方。

ぶつかりながらも、お互いの主張はよく理解できた。だからこそ中畑も何度も社長を呼び出す一方で、変えてやるっていうゲキアツの気概に信頼を置いていたのもまた事実であった。

5　八木直子（現在はビジネス統括本部チケット部オペレーショングループ）

1998年の日本一以降、横浜スタジアムは閑古鳥が鳴くようになっていた。2011年の観客動員数は年間110万人（主催全72試合）台にまで落ち込み、12球団最低の数字を記録した。座席稼働率は約5割にとどまっている。「オレンジが目立つね〜」は「空席が多いよね〜」と同義語。観客席はホエールズ時代からの名残りで、鮮やかなオレンジ色の座席がスタジアムの特徴でもあった。

会社で立ち上がった「満員プロジェクト」。とにかく観客を集めることに、力を注ごうとした。顧客データに基づいて施策を打ちたいのだが、アナログ時代の前年までにそのようなものは残されていない。すべての試合を「満員」にするのはあくまで将来の目標であって、ターゲットを絞って満員の成功体験をつくることが先決だった。

Go For Block。当たって砕けろ精神でやるしかない。

一体感を生むために何をしたらよいだろうか。

ホーム開幕戦（4月3～5日）では特製リボンを「ベイスターズ」の頭文字を取って「Bibon（ビボン）」と名づけ、3連戦計6万人の来場者に届けることにした。

「全額返金!?アツいぜ！チケット」を発売したゴールデンウイークは「Bibon Festa 2012 ～together & fun!!～」と題し、ビボンとともに「オトナの観戦シート」としてワイン付きのチケットを販売している。

広報部の八木直子も奔走していた。

「球団プライマリーロゴに、はためくリボンをヒントに、継承と革新をつなぐ象徴として、〝ビボン〟をフィーチャーしようと考えました。それを掲げて応援してほしい、と。ただリボンはやはり細すぎて目立たなかった。また、そのときにワインをつけたチケットを販売したんです。ワインカウンターをつくって、3杯まで飲んでいただけるというもの。ワイン好きには好評でしたけど、あとあとの私たちの評価としては〝ちょっと厳しかったかな〟と。大変な割には、反響も少なかったので。やっぱり野球場はビールなのか……そんな思いでした」

球団の姿勢として、いいと思ったことは、まずやってみる。「全額返金!?アツいぜ！チケット」もチーム含め批判が上がることも覚悟のうえだったという。八木はこう語る。

「とにかく数を打っていこうと。もちろん安易なものではなく、いいと思ったことを一生懸命にやってみる。ベイスターズが面白いことをやっているってメディアに取り上げていただいて、認知度を上げていく。取り上げてもらうには、キャッチーなことをやっていかないといけない。それが大事でした」

広報部はイベントやチケットを発信していく役割を担い、八木も積極的にメディアへアプローチをしていく。目まぐるしい毎日だった。それでも新しい取り組みに対する邁進は心地良くもあった。


横浜の短大を卒業して以前は銀行に勤めていた。

大のバスケ好きだったことから、ＮＢＡを生で観ようと姉と2人でアメリカに旅行した体験が、ターニングポイントとなる。サクラメント・キングスの本拠地アルコ・アリーナ（当時）で観た光景に心を打たれた。コートでプレーする選手以上に、それは応援している観客のほうで。

「私たちの目の前に、お母さんと小学生の男の子、その前にビジネスマン2人がいて、男の子はサクラメントファン。ビジネスマンが相手チームのファン。お互いに大声を出して応援していたんですけど、ビジネスマンのほうがその子にちょっかいを出し始めて、最終的にはポップコーンの投げ合いになったんです。それくらい熱くなって、応援しちゃう（笑）。アメリカのスポーツの観戦スタイルってこうなんだなって。次に私の好きなシカゴ（・ブルズ）に行って、マイケル・

ジョーダンを見て。ここでは場内演出が凄かった。ライトが消え、アリーナにテーマソングとともにチームロゴが浮かび上がり、そして全員がスタンディングオベーションでジョーダンを迎え入れる。鳥肌が立つ瞬間でした」

心が震えた体験は、帰国してからも消えることがなかった。日本のスポーツ雑誌に、アメリカ人大学院生がスポーツマネジメントを専攻していてＮＦＬのチームでインターンとして働いているというコラムが掲載されていた。１９９０年代、まだ日本では学問としてあまり耳にしたことのない「スポーツマネジメント」という言葉に惹かれた。

ここで一大決心を固める。理解ある上司に背中を押され、４年で銀行を辞めてアメリカに渡る準備に取り掛かった。そしてスポーツマネジメントを勉強できる大学への入学が決まった。大学で勉強のみならず、日々の生活のなかでプロスポーツとその街が密接に関係していることを肌感覚として持つことができた。

「ある日、インディアナポリスのショッピングモールにいったときに、ペイサースの選手がベビーカーを押して家族でいて、通り掛かる人たちと『Hi!』って挨拶しながら普通に買い物をしていました。いつも応援しているスーパースターが、日常生活に溶け込んでいる光景、距離感って素敵だなって実感しました」

八木はアメリカで勉強した後、日本のスポーツ界で働くことを希望する。「アメリカで体験したあの感じを、日本にも伝えたい」という思いが強くなっていた。

地元にある横浜ベイスターズが第一志望。親会社の名前がついていない、地域に根差すイメージがアメリカのチームスポーツを彷彿させ、業界本のなかでも「地元密着の特色」が記されてあったことに心が動いた。バスケが大好きだが、もともと野球も好き。父親に買ってもらったグローブでキャッチボールをした思い出もある。

アメリカから問い合わせをした際に「職員の空きがない」と断られてしまった。しかしあきらめずに何度か問い合わせていくうちに「話を聞きましょうか」に変わった。大学を1998年5月に卒業して帰国し、翌月に入社。ベイスターズが初めて日本一となるシーズンだった。

「入社して1週間後に首位に立って、結果、優勝しました。最初は総務部で経理や庶務などやっていましたけど、抱いていた（仕事の）イメージとはちょっと違いました。アメリカのスポーツビジネスは経理でもマーケティングでも、スペシャリストを置きます。ベイスターズは人数も少ないし、そこまでスペシャライズはされていない。みんなでやる感じがあって、これはこれで良いところでもあるなとは感じました」

続いて営業部に配属され、タブロイド判の情報紙「Beautiful YOKOHAMA」の創刊に携わる。現場に出て、監督、選手たちのインタビューや野球講座、タウンガイドなど盛りだくさんの内容。グラウンドに出て、直に選手と接するようになるといろんな発見があった。

「内川（聖一）選手がケガをして試合に出られないとき、ファームで率先してファンにサインをしていました。当時はまだ〝ケガをしているのにサインするってどうなの？〟みたいな時代だったと思います。でも〝何もできないからこそ僕ができることを精いっぱいやりたい〟っていう姿は、ほかの選手たちにも少なからず影響を与えていたはず。先輩である大魔神（佐々木主浩）や番長（三浦大輔）たちなど、ファンとの距離の取り方が上手な人が先頭に立って、若い人たちが追随していく流れはできていたと思います。

あと情報紙をつくっていたときに佐伯（貴弘）選手に取材させてもらったことがありました。私たちの仕事に対してとても敬意を払っていただいて、大変助けられました。選手が球団の企画に協力とするという土壌も昔からありました」


チーム成績は上がっていかない。それに伴ってか、入場者数も上向いていかない。そんな時代が続いた。それでもみんな熱がないわけじゃない。うまく回っていかないことは八木自身、どこかもどかしかった。


体制がＤｅＮＡに変わった際「クビを切られるかもしれない」と覚悟した。

しかしそうではなかった。「リスペクトを持って接してくれた」。印象はちょっと違った。

「そのころ広報部にいたのでＤｅＮＡのＮＰＢ参入が承認された日も立ち会わせていただくことができましたし、その年末年始はとにかく忙しかった。夜遅くまでみんな会社にいて、寝ている人やりんごをかじっている人もいたりして（笑）。ＤｅＮＡになって球団に来た人たちは凄くパワフルで、もの凄い勢いで仕事をするんです。しんどいはずなのに笑って仕事をしているって感じで、それが何だかうれしかったんです」

サクラメントに近づく日があった。

1月29日、新しいユニフォームの発表会がみなとみらいで行なわれることになった。球団職員は桜木町駅前で新シーズンの日程表を配った。キヨシパワーもあってか発表会の会場にはファンとメディアが押し寄せ、多くの買い物客が足を止めた。

「それまでは監督が街に出ていって、イベントを打つことなんてなかった。この街にベイスターズがあることを、野球に興味がない方にも知っていただけたんじゃないかと思います。選手って大きいんだな、監督ってこういう人なんだなって実際に見てもらうことが大切。それにスタジアムじゃなくても応援してくれるんだなと、選手も感じることができたのではないでしょうか」

何かが変わっていきそうな予感。

確かに「全額返金!?アツいぜ!チケット」企画は当たったとは言えない。ビボンも、そしてワインも。でも、変化は感じ取っていた。明らかにメディアに取り上げられる回数は増えていたからだ。

日本にもスポーツの文化を。

ベイスターズの未来に、希望を感じずにはいられなかった。

6 試合をあきらめない

中畑ベイスターズの初年度は46勝85敗13分け、５位の阪神タイガースまで９・５ゲーム差の断トツの最下位に終わった。チーム打率も、チーム防御率もビリだった。

「最後の最後まであきらめるな」

中畑は選手たちの意識の最深部に植えつけるべく、それだけを言い続けた。

あの１年を振り返ってもらうと、苦笑いのなかにも誇りがのぞいた。

「グラウンドはステージ、チームは役者の集合体。勝とうが負けようが、その舞台に熱量があったら、お客さんは観たくなるんだよ。魅力に取りつかれていくんだよ。弱くたって、あきらめない野球はできる。それしか求めなかったし、怠慢プレーだけは許さなかった。

たとえ０－10で最終回２アウトになっても、ファウルで粘って塁に出る姿勢を見せていこうと、みんなに言ったね。ファンにもちょっとずつ〝粘ろうとしているぞ〟と伝わってきて、これから広がっていくなって感じはあった」

明るく元気、試合をあきらめないキヨシ。

だがその裏では、人には決して見せない苦しみがあった。駒澤大学時代に出会い、結婚してからずっと支えてくれていた妻・仁美さんが、がんと闘っていた。張り裂けそうな思いを秘め、シーズンを戦った。シーズン後は秋季練習、秋季キャンプ、ファンフェスティバル以外は、病床の妻に寄り添った。

12月５日午後６時５分、最愛の「かあちゃん」は天国に旅立った。涙ながらに自宅に戻って報道陣に応対する指揮官の姿があった。

広報の青木も急ぎ駆けつけていた。

これまで見たことがないほど、中畑は憔悴しきっていた。それでも集まった記者を、松井秀喜が素振りしたという地下の部屋に招き入れ、「腹が減ってないか」と言って番記者や青木たちに食事を用意してくれた。

青木は「あの日のことは忘れられない」と言う。

つらくてたまらないのに、中畑は周りに気を配っていた。番記者たちも目を真っ赤にしてパソコンのキーボードを叩いていた。

中畑と番記者のつながりは濃い。遠征となれば午前中に一緒に散歩して、ブランチしてお茶というのがいつもの流れだった。仁美さんの回復は、番記者たちの願いでもあった。中畑の気持ちを察すると、彼らもそして青木も打ちひしがれていた。

メディア対応が終わると中畑に挨拶をして自宅を出ようとした。

優しい声で呼び止められた。

「青木、うちのかあちゃんに線香をあげてやってくれ」

遺影の仁美さんは、柔らかく微笑んでいた。心のなかで涙があふれた――。

第2プロジェクト

「スタジアムを満員にしろ」

1　林由有子（現在は経営戦略室ファンクラブグループ）

12球団最低の観客動員数からの脱却を——。

週末の3連戦を満員にするところから始めた「満員プロジェクト」。平均2万人に届いていないところを2万人に、そして頑張って3万人へ。

参入1年目の2012年シーズンは4回の大入りを記録して、「横浜DeNAベイスターズは何か面白いことをやる」イメージをひとまず植えつけることができた。シーズン後には「『コミュニティボールパーク』化構想」を発表。野球好きから野球をあまり知らない人までスタジアムに集い、家族、友人、同僚らと一緒になって野球をきっかけにしてコミュニケーションを育む場にしたいと考えていた。その一環として横浜スタジアム改修プロジェクトを実施し、ファールゾーンのグラウンドレベルにつくるエキサイティング・シート、ツインシート（2人用）、トリプルシート（3人用）、BOXシート（3～5人用）を設置した。

野球を楽しんでもらい、野球以外でも楽しんでもらう。そのためのスペシャルチケットとスペシャルイベントも、グレードアップさせなければならなかった。

本拠地開幕戦では通常では見ることができない試合前のバッティング練習をバックネット裏から見学できる「バッティング練習見学付きチケット」を実施。中畑清監督からも「練習の邪魔になることなんてない。人に見られて練習することは選手のためになる」とお墨付きをもらい、大好評を得る企画になった。監督はわざわざファンのところまで足を運び、握手するサービスに協力している。

２０１３年シーズンの目玉となるスペシャルイベントが夏休み中の8月2〜4日の3連戦で実施する「YOKOHAMA STAR☆NIGHT」だった。前年も実施しているが、ここが勝負どころと、最もオカネを掛けてもいいイベントとしていた。横浜の夏のお祭りとして名物にしていくという気概を持って。

コンセプトはこうである。

「一人ひとりが星のように輝いて　チームも、街も、元気になる　そんな場所をみんなで創りたい　チームがみんなの『星』になるように　横浜がもっともっと『輝く』街になるように　ここから未来のスターが生まれるように…」

当時、スペシャルイベントには球団内でプロジェクトチームが結成されていた。所属部署を問わず、基本的には立候補形式によって。リーダーのもとに3、4人が集まる少数部隊。通常の業務にプラスされることになるので、プロジェクトに入ると多忙を極めることになる。採用されれば、いずれかのイベントに振り分けられることになる。

「STAR☆NIGHT」チームに選ばれたのがチケット営業部の林由有子であった。DeNA体制以前からの球団職員であり、１９９８年の日本一を経験している。

横浜生まれの野球好き。小学生のころから「熱心な大洋ファン」で父親が購入した年間シートで年に何度も横浜スタジアムを訪れていたほどだ。中学2年生になって西武ライオンズのイケメンピッチャー、渡辺久信のファンになり、友達とそれぞれ贔屓の選手にファンレターを送ったら一人だけサインを送ってもらったという猛者である。感動した彼女は「将来は裏方としてプロ野球の仕事がしたい」との夢を持つようになり、そのとおりに叶えたのだった。

湘南シーレックスを担当した際には、一軍に上がったときにしっかり取材対応などできるようにと教育係を担っていた。ただDeNA体制になって選手たちがこれほど気持ち良く、球団が実施する企画にいろいろと協力してくれるとは思ってもみなかった。中畑パワーも感じているが、DeNAパワーも感じていた。

林らプロジェクトチームがまず動いたのが、球団初となるスペシャルユニフォームの配布だった。選手がプロデュースして2、3パターンでてきたデザインのなかから、星が散りばめられたものを採用。選手用のレプリカ版だが、特別ロゴは3日間それぞれカラーを変えるという手の込みようだった。しかし予算を掛けてもいいと言われたところで、資金力の乏しい球団には限界がある。金曜日と日曜日の試合は来場者のほとんどに配布（ビジターのレフト側外野席チケットを除く）できるが、土曜日はホームの一塁側、ライト側の先着1万名がマックスだった。

狙いは当たった。林が振り返る。

「私は通常のファンクラブ業務を兼ねていましたから、お客さまの熱量が凄くて問い合わせがもの凄くあったんです。メールは連日、大体１００件以上、電話も鳴りっぱなし。ファンクラブ対応の（職員の）人数が少ないので、お客さまの対応をしながらプロジェクトも進めていくというのは思った以上に大変でした」

ファンクラブ会員のステージ別先行販売を設けていたため、買いたくても買えないファンが続出する。ここまでの反響は初めてのことだった。

あるとき外で食事をしていたら、ファンの人らしき会話が耳に入ってきた。

「ベイスターズ、ユニ付きのチケットを販売しているんだけど、全然取れなくてさ。マジ欲しいんだけど」

申し訳ないと思う一方で、反響を直に感じることができた、ユニフォームのギブアウェイ（無料配布）は当時珍しかった。

祭りには必要なのは、やっぱり花火だ。

イニング間に花火を打ち上げる企画を立ち上げ、場所はスタジアム近くの山下ふ頭に決まった。行政への許可取りもさることながら、予行演習もやらなければならない。そのときはスタッフが責任者として必ず張り付いておかなければならなかった。プロジェクトチームが多忙のため、別の職員が引き受けてくれるなど多くのアシストもあった。

祭りに必要なのは、やっぱりゲストだ。

ベイスターズは2013年シーズンに合わせてギタリストの布袋寅泰に新応援歌の作曲を依頼。「勇者の遺伝子」を初日となる2日にオープニングイベントとして生演奏してもらうことになった。布袋の演奏をベンチで聞いていた中畑監督も思わず口ずさんでいた。

林は2日目となる3日に、人気グループ「超新星」を呼ぶことに成功する。女性ならではの視点だった。

「女性ファンが少なかったので、やっぱり増やしたいじゃないですか。男性グループとのコラボで接点をつくりたかった。そうしたら結構、女性の方に来ていただいたんです。お客さまからの反応も良くて、〝初めて野球場に来たけど、ユニフォームをもらって、推しのグループのパフォーマンスも見ることができて楽しかった〟と。とてもありがたい反応でした」

スペシャルチケットでも攻めた。キラキラCAP付きチケットに、使用済公式球付きチケット。いずれも好反応だった。初日は2万9095人、2日目は2万5039人、そして最終日には横浜スタジアムの歴代最多を更新する3万39人の来場を記録している。

天にも昇る思い。林の心は弾んでいた。涙がこぼれるほどに悔しいあの出来事が起きるとは、このときはまだ想像もしていなかった、

2　桑原義行（現在はチーム統括本部チーム統括部人材開発グループグループリーダー）&林由有子

最終日、3万人に膨れ上がったスタジアムをうらやましそうに見つめる目があった。

プロジェクトメンバーの桑原義行である。

〈俺らのころは、家族がどこにいるか分かるくらいだったのに。今の選手たちは恵まれているよな〉

心のなかでそう愚痴りたくもなる。でもかつて閑古鳥が鳴いていたスタジアムがぎっしりと人で埋まっている光景を目の当たりにすると感慨深い思いもこみ上げてくる。

桑原は２００４年ドラフト会議で８巡目に指名され、日本大学からベイスターズに入団。走攻守そろった外野手として期待され、２００６年秋に初打席初安打でデビューを飾り、９試合の出場とはいえ３割８分１厘の記録を残して次シーズンへの期待を抱かせた。しかしケガもあってなかなか一軍に定着できず、２０１１年限りで戦力外通告を受けることになる。ただ桑原の人間性や野球に取り組む姿勢は、球団の誰もが認めていた。

「２０１１年の夏に肩を手術してリハビリしていて、そのシーズンで終わりだなってことは覚悟していました。でもファーム監督の白井（一幸）さんが僕を評価してくれたこともあって、球団職員の話が来たんです。僕は現役にまったく未練がなかったので、ぜひお願いします、と。11月から研修を始めた矢先に球団の身売りが決まって、待てど暮らせど、連絡が来ない。もしダメだったら就活しなきゃいけないので球団に問い合わせたら、加地（隆雄）社長から〝心配しなくていい、会社に来なさい〟って言ってもらえたんです」

出社した日が、12月１日。つまりＤｅＮＡ体制がスタートしたその日だった。知っている人も知らない人も「殺気立っていたように見えた」。総務部に配属され、電話対応やコピーなど雑用から仕事を始めた。そしてある日、本社からやってきた萩原と面談することになった。

萩原は不思議そうな顔を浮かべていた。

「桑原さん、申し訳ないんですけど、機構図にあなたの名前は載っていないんですよ」

機構図に載っていない？

「それはそうかもしれません。戦力外通告を受けて球団職員になったばかりなので」

元選手であることは、分かってくれていた。だが自分のキャリアまではおそらく知ってはいないだろうと思えた。

「桑原さん、失礼しました」

トゲのある言い方ではなかった。

偶然とはいえ、新体制にとって桑原の存在は思ってもみない貴重な戦力として捉えられていた。というのも地域密着、野球振興に力を入れていく青写真があり、野球教室をやっていくにも現役を終えたばかりの「元選手」がいれば、いろいろと話が進みやすくなるからだ。その期待どおり、野球振興の分野で活躍していくことになるが、それは別の章で記すことにしたい。ただ総務部時代に「時間があったから」と言って、タイピングを練習して苦もなくパソコンを操れるようになるなど、適応力も高かった。「飲みニケーション」も多く、会社の人と打ち解けるにもそう時間は掛からなかった。

２０１３年当時、野球振興・地域貢献部に所属していた桑原が、なぜ「STAR☆NIGHT」のプロジェクトメンバーに名を連ねたかと言うと、仕事ぶりが上司に評価されていたこともあって「やってみないか？」と打診を受けたからだ。

プロジェクトチームで試合のイベントを一緒に考えていく経験は、これまでになかったもの。「STAR☆NIGHT」のプロジェクトリーダーが「いいものにしよう。責任は俺が取るから」と言ってくれたこともあって、思ったことは何でも言ってみた。そのプロジェクトリーダーとは居酒屋に繰り出してミーティングの延長戦を連日、続けている。

「STAR☆NIGHT」の目玉はスタジアムをブルーのペンライトで染めるセレモニー。前年も好評だったこともあって、最終日の試合後にグランドフィナーレとしてやることになった。

しかし――。

中日ドラゴンズに2連敗して臨んだ第３戦。

6回までに12点を奪われてしまい、終盤に追い上げたものの及ばなかった。スタジアムにはビミョーな空気が流れていた。

場内の照明を暗くしてセレモニーが始まる。ゆずの歌に乗ってチームの映像が流れ、「みんなで一つになってＣＳに行こう」という文字がビジョンに大きく映し出された。

予期しなかった事態が起こった。

観客に無料配布したペンライトが、あちこちで投げ込まれたのだ。

マスコットのDB・スターマン、DB・キララ、オフィシャルパフォーマンスチーム「diana（ディアーナ）」が踊っている最中に。

歓声と怒声が混在していた。この雰囲気のなか監督、選手がグラウンドに出て挨拶するという流れ。プロジェクトメンバーとしてチームへの案内役を任されていた桑原のもとには、「監督も選手も出ないほうがいい」というチームの意向が伝わってくる。

選手の気持ちは痛いほど分かる。でも最後に挨拶するまでがセレモニーなんだと、桑原は説得した。プロジェクトを実現するまでの苦労は、誰よりも分かっているつもり。ここでチームが出ていかなかったら、ベイスターズは変わらないとさえ思えた。

中畑が監督になってファンサービスや露出が高まっていたのは事実。だがまだ十分とは言えず、ファンサービス重視の姿勢を快く思っていない人がいるのも分かっていた。だがそれじゃいけない。一過性の3万人なんて意味がない。体を張ってでも、挨拶に行ってもらうべく、桑原は粘りに粘った。

そんなときだった。中畑の大きな声が響いた。

「会社の人がこれだけ頑張って満員にしれくれたんだ。全員、並ぶぞ！」

その一言でチームはペンライトが投げ込まれたグラウンドに出て整列し、帽子を脱いでファンに挨拶した。ファンからの厳しい声も相変わらず続いていた。桑原はその光景をじっと見守るしかなかった。

祭りのあと。

林はグラウンドに出て、投げ込まれたペンライトを一つひとつ拾い上げていた。

〈やり切ったと胸をはって言いたかったのに……こんなはずじゃなかったのに……〉

悲しい気持ちに包まれていた。桑原らプロジェクトメンバーだけでなく、多くの球団職員も手伝ってくれた。きっとみんなの思いも一緒だったに違いなかった。この夜のことは絶対に忘れない、そう誓った。

8年前の記憶。今ならその意味を理解することができる。林は言う。

「やっぱりファンのみなさんは勝つことを一番楽しみにしている。それもあのときは3連敗。負けてしまったらなかなかイベントも受け入れてもらえない。監督、選手に出てきてもらったのは、来場者に挨拶してもらいたいということもありましたが、このグランドフィナーレを見てほしかったんです。結局、ペンライトを投げ込まれてしまって……プレーで魅せる、エンタメで魅せる、この両立がとても大事だとあらためて感じました」

野球とエンタテインメントの両方で喜んでもらうためには避けて通れない道だったのかもしれない。

ペンライトを拾い上げる数だけ、悲しい気持ちが膨らんでいった。

そんなときにライトスタンド側に残っている観客がいた。通り掛かるのを待ってくれていたようだった。

「凄く楽しいイベントをありがとうございました！」

予期しなかっただけに、心にドスンと響いた。

「ありがとうございます！」

御礼を返した林の目からはボロボロと涙がこぼれ落ちた。楽しんでくれたファンが一人でもいてくれたことがうれしくてたまらなかった。

悔し涙ではない、うれし涙。

悪夢の「STAR☆NIGHT」じゃない、希望の「STAR☆NIGHT」。

夜のスタジアム、だだっ広いグラウンドを回る林の足取りが少しだけ軽くなった。

3. 鈴木淳（現在は経営戦略室室長）

２０１３年の「STAR☆NIGHT」によって意識が変わった人がいた。

ＤｅＮＡ体制に切り替わるタイミングで横浜出身とあって東北楽天ゴールデンイーグルスから転職してきた鈴木淳である。ＭＤ（マーチャンダイジング）を任されていた。ベイスターズグッズを取り扱う部署の責任者として、球団初となるスペシャルユニフォームの配布には当初、反対だった。

「やっぱりグッズが売れなくなるんじゃないかっていう懸念がありましたから。初年度（２０１２年）の『STAR☆NIGHT』は配らない形でやってみて、２年目にやるとなってからも私のなかでは完全に腹落ちしていなかった。でも実際に何が起こったかと言うと、ほかのグッズの売り上げがかなり上がったのです。自分の部署のことだけにこだわっていちゃダメだなって思わされました。自分は正しいことを言っていると思っても、そうじゃなかったりもする。もっとほかの人の意見を、周りの意見を受け入れてやってみたらもの凄いことができた。あの成功体験は私にとっても非常に大きなものでした」

最終日に３万人を突破したスタジアムの光景は壮観だった。勇気をもらった気がした。確かにペンライトを投げ込まれて後味は悪かったかもしれないが、希望の光が見えた気がしていた。

これまで失敗となったイベントは多々あった。鈴木は２０１２年の夏休み前に「シャボン玉ホリデー‼」と題してシャボン玉を一斉に飛ばすという斬新な企画を試みている。しかし評判は散々であった。

「シャボン玉を一斉に飛ばしたら、ほかのお客さまの食べ物や飲み物に入ってしまって、クレームがきてしまって。ジェット風船やメガホンはほかの球団がやっているので、ベイスターズとしては新しいものをやろうとしたんです。でも新しいことって大体、ダメでした」

チャレンジを怖れなくていい。

２０１３年の「STAR☆NIGHT」の成功は、鈴木の背中を押す形となった。

プロジェクトリーダーを任されたのが、「STAR☆NIGHT」の次のスペシャルイベント「勝祭（ＫＡＳＳＡＩ）」（8月23～25日）である。勝つ気運をつくりたい、ファンから喝采を受けたいというダブルミーニング。日本の夏祭りをテーマに置いた、チャレンジな企画だった。

祭りと言えば、やはり神輿。

鈴木は横濱神輿保存會・横浜陸會の協力を得て、重さ500kgもの万燈神輿を借り入れた。最終日の試合前には約100名の担ぎ手によってグラウンドでの神輿担ぎを実施することを決めた。

鈴木はMD担当ということもあって、これでもかとグッズで仕掛けていく。

各日先着2万人に「勝祭うちわ」をプレゼントし、青い法被を着たDB・スターマンのぬいぐるみも特別販売。チケットもDB・スターマンぬいぐるみ付き、「勝祭」ロゴ入り使用済公式球付き、法被付きなど続々に売り出している。「勝祭」のテーマソングをつくってCD化することも決めた。

だが何かパンチが足りなかった。

盛り上がること間違いなしのアイデアが出てきた。神奈川県出身の俳優・タレントの柳沢慎吾に、ゲストで来てもらうこと。この年にベイスターズ入りした人気者ナイジャー・モーガンがお立ち台で「アリガトウゴザイマス、アバヨ！」と柳沢のフレーズを決めゼリフにしていたことで、勝祭のプロジェクトチームは柳沢サイドに接触して承諾を得ることができた。

「絶対に反響がある」と踏んでモーガンとコラボTシャツはつくるわ、コラボフェイスタオルはつくるわ、全乗っかり。試合前のトークショーもお願いした。

伝説となったのが、日本一長い始球式。

試合前にアナウンスを受けてグラウンドに登場した「アバヨ！」で知られる人は法被を着込み、四方に挨拶した後で「みなさん雨やみましたよ！」とつかみの絶叫。神輿の担ぎ手と握手して回り、マウンドへと向かう。

ようやく始まるかと思いきや、ここでもシンゴ劇場は続く。

始球式の相手は、やっぱりモーガン。やっぱり投げない。

「３番、センター、モーガン」

ウグイス嬢のモノマネでひと笑いさせた後、「さー、試合は２アウト満塁、ここでモーガンを抑えれば全国制覇」と高校野球の設定に。

♬ティテーテテーテー、テテーテテー。応援のトランペットを口で鳴らし、ようやく……いや、ここでも投げない。キャッチャーを呼んで天を見上げて一緒にジャンプ。またここで笑いが起きる。「モーガンはこの前ストレート打ってますからね」と掛布雅之さん調の解説を一言付け加えて……やっとと思いきや今度はスパイクシューズの紐を締め直す。

いろいろと解説をゴニョゴニョと喋りながら大きく振りかぶって、モーガンを空振りに打ち取る。

「やりました〜、全国制覇！」キャッチャーと抱き合って、最後はモーガンと向き合って高校野球のように整列して終わりというオチまでつけた。

この「日本一長い始球式」はベイスターズの名物となっていく。

読売ジャイアンツとの人気カードという理由はあるにせよ、24日は「STAR☆NIGHT」に並ぶ3万39人、最終日は2万8246人の観客を集めた。

「STAR☆NIGHT」のバトンを受けた「勝祭」の成功は、また一歩、野球とエンタメの融合を進めることになる。

日本一長い始球式の流れは、台本があったわけではない。鈴木が担当者から聞いたところによれば、開始10分前になって柳沢が相手役となる選手たちに「あなたはこうやってくださいね」とお願いしていたという。

その後エンタテインメント部の部長を務めることになる鈴木は、今もあのときの「勝祭」が強く心に残っていると語る。

「満員プロジェクトが始まって、一つでも満員の試合を増やしていこうっていうときでしたから。日本らしい夏祭りを体感してもらいたいというコンセプトでプロジェクトを進めていきましたけど、あれもこれもと付け足していってバタバタで決まっていって、大変だったなっていう思い出があります。もちろん成功させないといけないというプレッシャーもありました。でもやってみて面白かったなあって感じますね」

♬ティーテーテテーテー、テテーテテー

柳沢慎吾のトランペットを思い出すと、どうしても笑ってしまう彼がいた。

第3プロジェクト

「STAR☆NIGHTを成功させろ」

1　木村洋太（現在は代表取締役社長）

率先してやろうとする人。

木村洋太をそう表現する職員は少なくない。

2013年真夏の「YOKOHAMA STAR☆NIGHT」。山下ふ頭からイニング間に花火を打ち上げる企画の予行演習と当日の打ち上げに立ち会っていたのが、社長室の木村であった。

「いや、違うんですよ。最初は私もプロジェクトのメンバーだったんです。それがMLB視察の予定が入っちゃって、『STAR☆NIGHT』の1週間前まで日本にいないということで事前の細かいすり合わせがなくてもやれるのが花火しかなくて。美談でも何でもないんです（笑）」

いいと思ったら何でもやろうとする人。

この3カ月前には行動派らしいハプニングも起きていた。

ゴールデンウイークに「Family Ballpark 2013」の一環としてファミリー動物園を実施した。外野8ゲートの特設イベントスペースにおいて子供のライオンを抱っこしてもらうというもの。ありきたりではない、新しいことにチャレンジするベイスターズらしい動物園を。それが木村の狙いだった。

子供とはいえ、ライオン。横浜公園内で檻から出して披露するのは横浜市の許諾という点でハードルが高かった。それでもライオンが小さいこと、十分な管理体制を取っていること、子供たちに喜んでもらえることなど熱心に訴えて、認めてもらった。

だが当日やってきたライオンは、想定よりもちょっぴりビッグだった（いや、思った以上に）。かわいい赤ちゃんクラスだと思っていたのが、どう見ても１ｍはあった。抱きしめたくなる愛くるしい表情とはいえ、〝話が違う〟的な行政の厳しい視線をビンビンと感じた。安全を確認できたことで実施したものの、のちに木村は市役所から呼び出しを食らって説明を求められている。

「想定していたものよりも3倍は大きかったと思います。行政への報告とかなり違っていたので〝これはどういうことなんだ〟と怒られまして。行政の方にいろいろとご迷惑を掛けました。僕らもまだ参入2年目で、越えてはいけない一線を理解できていなかったところはあると思います」

エンタテインメントを提供するなら、こちらも楽しんでやらなきゃ。

エンタテインメントとは何かを感じるために、音楽フェスやイベントにも足を運ぶようにしていた。もしそこにかったるそうなスタッフがいたら、せっかくの気分が台無しになる。だからこそ率先して明るく、楽しくをモットーにした。ちょっとビッグなライオンを前にしても、笑顔を絶やすことはなかった。

そんな木村が、自分の目で確かめたかったのがアメリカのボールパーク。野球好きだったこともあってアメリカに旅行した際にＭＬＢを観戦したことはあった。だがビジネス目線で見たわけではなかった。

前年、池田純社長たちの視察によって『コミュニティボールパーク』化構想が打ち出されたこともあり、自分のなかでも本当の意味で腹落ちをしておきたかった。池田や横浜スタジアムの鶴岡博社長らと同行することになった。

南カリフォルニアの乾いた風がとにかく気持ちよかった。

サンディエゴ・パドレスの本拠地ペトコ・パークは、横浜スタジアムのあるべき姿が重なって見えた。ペトコ・パークには敷地内に公園「パーク・アット・ザ・パーク」があり、試合のない日は誰もが自由に入れる。試合がある日も開始4時間前までは公園に入ることができる。ここではコンサートや地ビールのイベントも行なわれていると聞いた。実際に公園内を歩いてみると、犬を連れて散歩をする人、ランニングをする人、遊んでいる子供たち……日常の風景にベースボールが溶け込んでいた。

「まず試合の前日に着いて歩いてみたんですけど、地続きでレフトスタンドの外野フェンスのところまで入っていけるのには驚きました。誰でも入っていけるので、スタジアムをより身近に感じることができましたね。試合の日もにぎわっていて、途中で飽きちゃった子供たちは公園内のミニ野球場でハンドベースとか、いろんな遊びをやっているんです。公園もセットで考えられていて、これはいいなって」

グルメがあり、ミュージックがあり。マスコットも、イニング間のイベントも、ちょっとしたショーも。そこにはエンタテインメントが詰まっていた。

1週間の視察のなかでもう一つ強く印象に残ったのがマイナーリーグ、ＡＡ（ダブルエー）の試合を見学したときのこと。

「広大な土地のなかにポツンとボールパークがあるだけなんですけど、お客さんがバーベキューをしていてビールを飲みながら、ワイワイガヤガヤと盛り上がっていました。野球を見ているというよりも、イベントを楽しんでいて、ああそうだよなって、私のなかで凄く腹落ちしたんです」

ベイスターズがやろうとしていることを理解し、自分がやりたいことも見えてきた。帰国後に見上げた山下ふ頭での花火に、木村はベイスターズの未来を見ていた。

木村は元々球団にいた職員でもなく、ＤｅＮＡの本社から来たわけでもない。外資系コンサルタント社から２０１２年3月に入社した、言わば転職組。最初はプロモーション、広告制作、ファンクラブなどを担当する部署に入った。

入社1週間後にオープン戦が始まるとあって、木村はスタッフジャンパーを着込んで球団公式ファンクラブ「B☆SPIRIT」の入会を呼び掛けている。ファンクラブは1万人に届かないほどのレベルであった。

データがまったくない。コンサル出身の木村からすればあり得ないことだが、ないならかき集めるしかない。同時に、ターゲットは不明瞭ながら施策は打っていかないといけない。最初からうまくいくとは考えていないため、いろんな失敗があっても前向きに捉えようとしていた。

木村が求められた役割は、当然ながらマーケティングの領域。スタジアム内でこまめに来場者アンケートを取り、イベントをやればその反応も知りたかった。オンラインに力を入れてチケットデータやグッズの購買データを取得。パネル調査会社にも入ってもらった。ファンクラブ会員の増加に力を入れたのも、顧客データから戦略を立てられるという側面もあったからだ。

「ファンクラブは、動員をつくるエンジンになるので重視しました。チケットを優先的に購入できるシステムにして、中心の存在に据えることを明確化したんです」

特典をつけて、かつ優先してチケットを売る仕組み。今では常識だが、それを始めたのが2012年シーズンだった。無料招待券もただ無策で配るのではなく、将来ファンになってくれるという狙いから小学生に限定していく。データは揃っていないながらも、一つひとつを戦略として意味を持たせるようにしていく。「満員プロジェクト」だからといって、きょうだけを考えて無料で配ってしまえばあすがない。有料チケットの購買にこだわって、足腰を強くしていこうとした。

『コミュニティボールパーク』化構想を打ち出して、シートの改修にも着手する。あとは一日も早くターゲットを設定しなければならなかった。そうでなければ各部署間で、認識の共有が図りづらい。実際、そういったズレによってイベント、グッズなど施策に一体感が出ていないこともあった。

ファンの生の声を聞きたい。パネル調査会社に依頼して男女のグループ別にベイスターズの取り組みについてインタビューしてもらったこともある。マジックミラー越しにその様子を見ていた木村は来場者が語る言葉のみならず、表情などからも読み取ろうとした。

２０１３年シーズンに入るとデータはかなり集まってきていた。

来場者は横浜スタジアムがある中区を中心に距離に均等に分布すると踏んでいたが、平日は県南西部、土日及び祝日は県北東部からが主であった。つまり平日は仕事帰りに立ち寄るビジネスマンが多く、土日は東京や県北東部で働くビジネスマンとその家族が多いという傾向をつかむことができた。駅に出す広告も南西部の大船駅など、ポイントを絞って木村は展開するようになる。

ターゲットが、ビジネスマンであることはおぼろげに見えてきた。公園内に、試合日に合わせてビアガーデンを開催するなど、そういったアイデアも具現化する。実際多かったのが30～40代の男性だが、その下の20代後半も伸びていた。この層を開拓していけば新たなファンを呼び込むことができるかもしれないと考えた。

木村らリーダー格の職員が社長の執務室に呼び出された。スクリーンにはパワーポイントで作成されたデータが映し出され、議論を書き込んでいくためのホワイトボードが用意されていた。

「ペルソナをつくるぞ」

池田の号令によって、ターゲットとなる人物像を細かく設定していくことになる。

・年齢は20代後半～30代で行動的かつ社会性のあるビジネスマン。男女問わず、友達は多い。

・野球は好きなほう。松坂世代に近くて、野球をしたこともある。だがあまり野球観戦に訪れたことのないライト層。
・居酒屋が好き。若い後輩を連れて飲みにいきたがる。お酒にはお金を掛けていい。
・結婚して子供はまだ小さい。
・休みの日はアウトドア派。ジムにも行く。
・ビールの売り子やチアにも関心があり。
・試合結果よりも感動、盛り上がりを好む。
・スポーツニュースはチェックする。
・SNSはマメにやっている。
・音楽は好き。ライブにも行きたい。

池田も木村もほぼ全員が30代で、まさに自分たちがターゲットの層。来場者イコール自分たちが興味を持っていることを話すのだからそりゃ盛り上がる。打ち合わせという名の飲み会をしている感じに近い。

笑いばかりが起こり、「ハマスタにも煮込みがあったらなあ」なんて声も飛ぶ。大きな居酒屋を目指せばいいじゃん、という話にもなった。

何度か会議はあったが、ペルソナは見えてきた。分かりやすいネーミングということで「アクティブサラリーマン」と名づけられた。

参加者の誰かが叫んだ。「ねえ、これって鐵そのものじゃん！」

２　鐵智文（現在はビジネス統括本部副本部長）

まさに私です。

でも前職も球団職員だったから、別にライト層っていうわけではないですけど。

心のなかでボソボソつぶやいていたのが、埼玉西武ライオンズから２０１３年1月に転職してきたライブ・エンタテインメント部でグループリーダーを務める鐵智文であった。

ライオンズの職員時代に「ベイスターズの知り合いが何だか楽しそうに仕事をしているな」と新しい風を感じて、ついには移籍してきたクチ。柳沢慎吾の日本一長～い始球式にも絡むなど、ほかがやっていないことをやりたいと思ってきた。アクティブサラリーマンをターゲットに決める会議でも「自分なら何を求めるか」を基準に発言していった。

転職する前のオフに家族と横浜スタジアムで野球を観戦に訪れたことがある。

幼稚園児の２人の娘は、２回で退屈になってスタジアム外の公園内で遊ぶようになり、席には戻ってこなかった。

遊具や子供向けのイベントも「アクティブサラリーマン」を助けることになると訴えた。

「結局財布を握っているのは妻というパターンが多いじゃないですか。ここで子供に見放されると、夫としてはキツいんです。お出掛けの選択肢に入ってこなくなっちゃいますからね。お父さんの味方になることも考えなくちゃいけない」

ペルソナのモデルになった鐵。そんな彼が一目置いていたのが、同じ転職組の木村であった。グループリーダーとしてかく働くべき、と汗をかこうとする背中が語っていた。

「あの人、前職が外資系コンサルなので、もっと机上だけで仕事する感じなのかと思いきや、チームのロゴが入ったTシャツを着込んで、汗を流して何から何まで率先してやっていました。立場とか関係なく、みんなで考える、みんなで働くのがこのベイスターズの良さなんだなって思いましたね」

アクティブサラリーマン戦略を構築していくなか、鐵が音頭を取って池田、木村、そしてのちに球団代表となる三原一晃らを引き連れて、ある場所へ視察に行くことにした。

それは何と東京ディズニーシー。

仕事が終わってから夕方に集合して、スーツ姿の男性6人が夢と魔法の王国へと入っていった。男たちの目はディズニーの演出、装飾、ホスピタリティに向けられ、細かくメモを取っていた。アトラクションに乗る予定はなかったが、列に並ぶ来場者の様子も見ておきたかった。鐵がおススメしていたショーの「ファンタズミック」と「カラー・オブ・クリスマス」はオジさん仲間にも好評だった。もちろん家族で来たことはあっても、ビジネス目線で見ると気づいたこともたくさんあった。

スポンサーボードの位置、スタッフの応対……掃除をするスタッフや案内をするスタッフも、実によく教育されていた。服装も統一されていて、声を掛けやすい雰囲気を醸し出していた。グッズショップもグッズを置く位置や見せ方などが計算されていた。

締めはもちろん夜のパレード。キャラクターや演者を見るのではなく、来場者の表情や観劇ぶりを眺めた。ここにいるすべての人たちが幸せそうだった。

終了後はイクスピアリにあるモンスーンカフェでただちに意見交換会という名の飲み会で締めくくる。入り口から世界観をつくることが大事だと、ビールジョッキを傾けながら全員がいろいろな感想を持っていた。

のちに横浜スタジアムで働く多くのスタッフたちもジャンパーなど衣服を「青」に統一することになる。ホスピタリティの重要性は、ディズニーから学べたことが多かった。

２０１３年シーズンの中畑ベイスターズは順位を一つ上げて5位で終えた。観客動員数は前年比１２２％の１４２万５７２８人まで引き上がった。球団ファンクラブの会員数も前年比約２・5倍。画期的なイベントやチケット、そして新しいシートなど『コミュニティボールパーク』化構想の効果ははっきりと表れるようになっていた。加えてアクティブサラリーマン戦略を打ち出したことによって、それに沿う施策がバンバン出てくるようになる。

木村がライオンの一件で行政に謝罪した「Family Ballpark」の２０１４年バージョンは、試合後のグラウンド内でテントを張って夜を過ごすという一泊二日の「ハマスタキャンプ」になった。まさにアクティブサラリーマンをターゲットにした企画。ランタンで探検するスタジアムツアーなど、子供たちが喜ぶ企画をいろいろと搭載した。

アイデアに一役買った鐵は言う。

「私みたいにキャンプ好きで野球も観たいという父親は少なくないと思うんです。でも一番は子供たち。球場に泊まれる経験なんて人生に一度あるかどうか。これはかけがいのない思い出になると思いました。お客さんの反応も非常に良かったです」

一方、『コミュニティボールパーク』化構想に基づくスタジアム改修プロジェクトでは、一塁側内野席最上段にテーブル席を囲む4、5、6人席の「パーティスカイデッキ」を新設。後輩を飲みに連れていきたいならぜひここで。天空の社交場をテーマに、アクティブサラリーマンたちの心をわしづかみにすることに成功した。

パーティスカイデッキの改修を担当したのが木村であった。

「オープン戦の前に完成したんで、事業本部長であった三原に〝楽しい席ができましたよ〟って報告して一緒に見に行ったんですよ。ソファーに座った三原が怪訝そうな顔を浮かべて〝これキム、どうなってるの？〟と。座ったらテーブルで視界が遮られてしまい、マウンドが見えにくいことが分かったんです」

三原は続けて、木村にこう言った。

「キム、ここ野球場だよ。お前、何、野球の見えない席つくっちゃってんの」

いやはや、ごもっとも。

クレームが来たら、対策を練ろうと木村は考えていた。しかしオープン戦でも、開幕してからもクレームはない。むしろよく売れていたし、アンケートでの評価も上々だった。

「おかしいなと思って、じっくりお客さまの様子を見せてもらったんですよ。そうしたら会話に盛り上がっていて、グラウンドで何か起こったら〝えっ、何、何〟って立ち上がって見るんです。僕のなかで腹落ちしました。そうだよね、野球をおつまみにして盛り上がるライト層に向けたシートだよね、と。必要だったら、どうぞ立ってみてください、と。設計ミスが転じて、我々が提供する野球観戦ってこういうものだよねって」

ターゲットを明確化したことで来場者もグングンと伸びていく。勝負のイベントがやってきた。2014年の「STAR☆NIGHT」は木村がプロジェクトリーダーを務めることになり、鐵もそのメンバーに入った。

3　2014年の「STAR☆NIGHT」

ハマスタを青く染めよう！

キャッチフレーズは決まった。「STAR☆NIGHT」勝負の3年目。定着してきているといっても、「横浜の夏と言えばSTAR☆NITGHT」と言われるレベルまでにはまだ達していない。

「これまでプロ野球でも見たことのない演出をやろう！」

木村がプロジェクトリーダーを務めるチームの合言葉になった。でも、見たことのない演出って一体、何？

ヒントは木村と鐵が視察したディズニーシーにあった。球場のど真ん中で花火を打ち上げて、スタンド最上段とスコアボード最上段にムービングライトを取りつけて光と花火で幻想的な世界をつくりだす。

ディズニーシーはみんなパレードを見て、笑顔になって帰路に向かう。それを横浜スタジアムに持ち込みたかった。試合後、勝っても負けても笑顔で帰っていけるように。名づけて「エレクトリカル・スターナイトショー」。どこかで聞いたことがあるようなフレーズ？ それはさておき、ペンライトを投げ込まれた前年からの前進を見せたいというのが職員たちに共通する思いであった。

球場のど真ん中で花火？

前年は山下ふ頭で打ち上げたが、ホーム側の一塁、ライトスタンドが見えづらかったという反省も踏まえて持ち上がった企画だった。10m程の保安距離で打ち上げ可能な特殊効果の花火を用意することで、懸念だった行政からの許可も出た。ムービングライトも計30台用意した。あとはプランどおりうまくやれるかどうか。

8月8日からの対東京ヤクルトスワローズ、3連戦での実施。イベント前から街は「STAR☆NIGHT」のスペシャルユニフォームであふれていた。バスの運転手、商店街、スポンサーを務める横浜銀行の行員までレプリカユニフォームを着込んで、盛り上げてくれていた。球団の熱の入れようは、鐵にもヒシヒシと伝わっていた。

1週間前からスタジアムの照明や花火を使って予行演習していく。鐵は通常の球場演出を担当していたこともあって、主催の新潟興行だった8月5日の読売ジャイアンツ戦をほかの職員に任せて、最終準備に専念した。

だが、ここで大問題に気づく。

「木村さん、これ明るくないですか？」

「はい、思ったよりも明るいですね」

興行で照明を落とす場合でも規定による最低照度が決められていた。当時はライトがＬＥＤではなく、水銀灯だったために一度消灯したら、再点灯するには時間が掛かった。そのため照明の下にある安全灯がついていれば問題なく、昨年の「STAR☆NIGHT」もそれでクリアになっていた。しかし花火と光の今回のショーではその安全灯がネックになった。テストをしてみないと分からないことでもあった。

準備は連日、午前3時近くまで掛かっていた。ナイターが終わってからやらなければならないため仕方のないこと。徹夜続きのなか、ここに来ての問題発覚は胃に響いた。鐵は木村と夜明け前の居酒屋で対策を練った。サウナで一度休んでから、気合いを入れ直して午前に出社した。

木村との協議で出した結論は、まず安全灯を消せる可能性を探っていくしかないということ。消防法にかかわってくるため、鐵は消防署に向かった。ダメ元で相談したが、そこには突破口があった。安全灯が点灯していなくても、大型ビジョンの照度が基準を満たすならばＯＫという回答を得たのだ。承諾を得るために警察署や横浜市役所にも向かった。

これはいけるかもしれない。

緊張の瞬間だった。

ナイター後、安全灯を落とした。暗闇に浮かび上がる大型ビジョンの光で、スタジアムのあちこちで照度をチェックした。最低限の照度はクリアできた。

「ホッとしました。さすがに埋められないかなと思った穴も、いろんな協力があって埋めることができました。行政にも理解していただきました。いろんな人、組織が味方になってくれた感じがありました」

消防も警察もそして行政も。これまでの実績が認められたこともあって、横浜の風物詩にしたい思いが伝わったこともあって、安全灯問題を乗り越えることができたと感じた。


8月8日、横浜スタジアムは好天に恵まれた。

最初から最後までが「STAR☆NIGHT」。オープニングVTRからスターティングメンバー発表、星空デザインのスコアボードなどすべてが特別仕様だった。2回裏が終わると、特殊効果演出でひと盛り上げした。

スタジアムDJの南隼人が、3万人近く埋まったスタジアムをあおっていく。球場演出を担当する鐵は、スタジアムに一体感が生まれていくように感じた。

これまでアーティストのライブに足を運んで、観客との一体感をどうつくっていくかを学ぼうとしてきた。あるときはFUNKY MONKEY BABYS、あるときは湘南乃風。湘南乃風にはコラボイベントで横浜スタジアムに来てもらった。タオルを振ってファンに呼び掛けると、みんなが同じように回していた。

「こちらからきっかけを与えると、お客さまは乗ってくれる」

その気づきからスタジアムＤＪと「段々とスタジアムを温めていく」ことができるようになった。ターゲットはアクティブサラリーマンとその家族。音楽も、表現も、映像も、どうやったら刺さるかを考えてきた。

南の叫びに、呼応するファン。

トイレに行く時間すらもったいないと思わせるべく、イニングの間にはバズーカでプレゼントを打ち込む。２年前、娘たちが飽きてしまった横浜スタジアムはここになかった。一生の思い出を、一日でつくれる場。今までコツコツと積み上げてきたものが、受け入れてもらっている。そんな感慨が鐵の体内を走っていた。

試合は３－12で爆敗。

場内の雰囲気は、ちょっぴり微妙だった。だが湿っぽい気持ちを「エレクトリカル・スターナイトショー」が吹き飛ばしていく。

場内は暗転。安全灯の光もない、大型ビジョンとペンライトの光が浮かび上がって幻想的な雰囲気に包まれる。

ノリのいい音楽に包まれ、ムービーが流れる。終わらないうちに、球場のど真ん中から勢いよく花火が上がる。それを合図に、流れ星のような花火が次々と交差する。続いてムービングライトが場内を駆け巡り、花火と連動していく。

歓声と、指笛と、手拍子と。

球団歌「熱き星たちよ」が流れ、選手たちが出ていく。大歓声に包まれる。前年、ペンライトを投げ込まれた光景はない。球団職員、全員の執念がここに実った。

2013年にペンライトを拾い上げていたDB・スターマンもDB・キララも、楽しそうに踊っている。dianaの面々もそうだ。

3連戦は3日間とも2万9000人超えの大入り。第2、3戦は規定の22時を超えたことと雨の影響で最後のイベントを行なえなかった。だが試合は2連勝。「STAR☆NIGHT」のベイスターズは弱いというレッテルを剥がすことにも成功した。

ここに集まったライト層の来場者がいかにリピーターになってくれるか。エンタメと野球、両方があって盛り上がる。その意味においても、職員もチームも踏ん張った3連戦となった。

プロジェクトリーダーを務めた木村も胸を撫でおろしていた。花火とムービングライトで資金をつぎ込んでいただけに失敗に終わってしまったら、見直しを図らなくてはいけなくなるからだ。目に見える形で効果を感じる出来事があった。2014年シーズンのチームは昨年同様5位に終わったものの、勝率は前年の・448から・472と上昇。観客動員数も前年から110%となる156万4528人を記録した。

木村が驚いたのが、10月2日、ホーム最終戦となる中日ドラゴンズ戦だった。「STAR☆NIGHT」では渾身のショーが1度しか開催できなかったこともあって、急きょ最終戦に「エレクトリカル・ファイヤーショー　THE FINAL」と題して実施することを発表した。するとそこからチケットの売り上げが急伸したのだ。

木村は言う。

「これまでいろんな取り組みをして何となく売り上げが増えていることは感じていました。でもこの演出を発表したら明確に、数字が伸びたということは認められているってことを真に理解できた瞬間だと思うんです。我々が仕掛ける演出も来場の目的になっているという証拠。これからも新しいものをドンドンやっていこうってアクセルが踏みやすくなりました。これによって翌年から試合に勝ったら、花火とムービングライトで勝利を祝おうっていうVictory Celebrationが誕生したんです」

この成功体験が木村に、職員に大きな力を与えていくことになる。

4　林裕幸（現在はビジネス統括本部本部長）

集めたデータを分析するマーケティングのプロがいた。

林裕幸は木村と同様、コンサルからの転職組。IBMビジネスコンサルティングサービス（日本IBM）から2013年12月に入社してきた。球団がアクティブサラリーマン戦略を実行に移していた時期で、林もここで力になれると考えていた。

横浜で生まれ、両親の影響を受けてベイスターズファンに。小学6年生のときに1998年の日本一もライブで観ていた。野球も中学まで続けた。大学時代にはベイスターズにも就活しようとしたものの、連絡がこなかったことで1度断念した。それでもいつかスポーツビジネスをやってみたいという夢が消えることはなかった。

社会人になってからもベイスターズの結果はチェックしていた。ニュースで目にする横浜スタジアムのスタンドは空席が目立ち、どこか寂しかった。いつしか転職を考えるようになってエージェントと会っているうちに、「こんな会社も募集しています」と紹介を受けたのがベイスターズだった。野球好きであることも、ベイスターズ好きであることも伝えていない。運命としか思えなかった。好条件の会社はほかにたくさんあった。ベイスターズ一本に狙いを定め、採用された。

経営戦略は最も得意とする分野。しかし彼は営業部に配属となる。先に受けていた人が既に「経営戦略枠」で入ってしまっていたため、違う部署に回ることになった。

「営業経験はありませんでした。でもコンサルで営業改革を担当していましたし、理論は持っているつもり。役に立てるんじゃないかと思いました」

営業の前線部隊は、考えていたほど甘くはなかった。戦略を描いて、後はヨロシクでは通用しない。取引相手にも自ら説明して、商談をまとめなければならない。思った以上に成績が上がらない。コンサルのプロは打ちひしがれていた。

「林、会社やめんじゃないか」

ちょっとしたウワサが自分の耳に届いた。仕事に馴染めていないと思われているんだな、と感じた。営業を実践する難しさに直面しながらも、大好きなベイスターズで仕事をやれる喜びを何とか見いだそうとしていた。

そんな折に転機が訪れる。自分の前に経営戦略で入社していた人が会社を辞めることになり、くすぶっていた林に白羽の矢が立った。

「入社して半年後のことでした。得意領域のマーケティングで勝負できるので、これはありがたいって思いました」

転職組は、即戦力として採用される。営業で結果を出せなかった分、ここで一気に挽回していきたいという思いが林にはあった。

データを集めてアクティブサラリーマン戦略を打ち立て軌道に乗り始めていた時期。とはいえ林の目からは、十分とは言えなかった。

「確かにデータは溜まってきて、分析もしていました。ただ、こういう切り口で分析してみたらどうですかとか、こういうことを知るためにこう分析してみましょうとか、僕のほうからもいろんな提案をするようになりました。さらなるデータも必要でした」

徹底的なマーケティング。

2015年に入ると球団はスマートフォンチケットサービスを導入。アプリでチケットを渡せるため、購入者のみならず来場者のデータも取得できるようになった。

来場者がベイスターズと接点を持つ経験は、「人に誘われて」が圧倒的に多いというデータが出ていた。アクティブサラリーマンは家族、会社の上司、後輩、友人（男女問わず）、あらゆる層を「誘う」ポテンシャルがあった。彼らがうまく「誘う」には、それなりの材料がいる。イベントのみならず、グッズもチケットもプロモーションも。アクティブサラリーマンをハブにした施策を促していくのも経営戦略の仕事であった。

頭を働かせて経営戦略を立てるだけが林の仕事ではない。

体力勝負、出たとこ勝負は曲がりなりにも営業の経験を経て、己の新しい引き出しも生まれていた。

2015年シーズンの「OPENING SERIES」6連戦（3月31日〜対広島東洋カープ、4月3日〜対東京ヤクルトスワローズ）。レフトスタンド席以外はすべてレプリカヘルメット付きチケットにするため計12万個を用意しなければならなかった。

なぜヘルメットなのかと言うと、チームのヘルメットがメタリックに変わったからだ。

ホームユニフォームでつけるBロゴとビジターユニフォームでつけるDeロゴ2パターンを用意して、「OPENING SERIES 2015」の刻印入り。用意するのはいいが、かさばって仕方がない12

万個のヘルメットを横浜スタジアム内に保管しなければならない。だが、空いているスペースがなかなかない。かつ、コストは極力抑えたいのだが、それでもメタリックを出すとなると値段も掛かる。業者との折衝にも骨を折らなければならなかった。

ヘルメットをプレゼントするだけでは面白くない。それを使ったイベントがどうしても必要になる。それもアクティブサラリーマンの心に刺さらなければ意味がない。盛り上がりに欠けたら、心強い味方が家族を、友達を、誘えなくなってしまう。


林が出した答えが、「くるりんぱ」だった。

ヘルメットと言えばかぶるもの。かぶるものと言えば帽子にも変換できる。帽子で面白いギャグをやっていると言えば、ダチョウ倶楽部、上島竜兵しかいない！　マーケティングのプロからしても「ウチのお客さまにはウケる」と確信を持った。

林は飛び込みでダチョウ倶楽部の所属事務所に打診を試みた。

「スタジアムのお客さまと一緒になって、くるりんぱをやってもらいたいんです」

つかみはOK、どうぞどうぞ、の回答を得た。

名づけて史上最大のくるりんぱ大作戦。

４月４日、ユニフォームとヘルメット姿の３人が元気よく、始球式イベントに登場する。

DB・スターマン、DB・キララにお約束の「ヤー！」をかましてから、マウンドに向かう。

まずは、正しいくるりんぱのやり方の説明から。

「つばを両手で持って、この勢いで、くるりんぱ」と実践指導。練習からギャグを織り交ぜて、「横浜ＤｅＮＡベイスターズ　勝って勝って、ピンチをはね返して、せーの、くるりんぱ！　絶好調！」スタンドも一斉に、ヘルメットをくるりんぱした。

ＤＢ・スターマンも入って「どうぞ、どうぞ」２連発に、竜ちゃんの足踏みにスタンドもジャンプ。始球式では、打席に入った関根大気に打たれてしまったことで詰め寄っての猛クレーム。お約束のチュウまで盛り込むサービスぶりだった。柳沢慎吾に負けないくらい長い始球式によってスタンドはかなり温まった。

通常は３試合で一つのプロジェクトだが、このときは６連戦。

つまり通常の２倍のことをやらなければいけない。ホーム開幕戦のマーチングバンドから始まって、ラジオＤＪであるVance Kの選手コール、高橋優のミニライブ、そしてアレックス・ラミレスの引退セレモニーなど多くのイベントを詰め込んだ。グッズもラミレスとのコラボ、ダチョウ倶楽部とのコラボ、グルメでは「ヘルメットナチョス」が好評だった。

林には充実感があったという。

「この年はリーダーが１人でプロジェクトを主導していた時期で、ほぼ１人でやらないといけなかった。ただその代わり、リーダー同士で連係していくという形で、自ずと助け合いが生まれました。ヘルメットを運ぶのに困っていたらバケツリレーでやってくれたり、アイデアをくれたり。気晴らしにみんなで飲みに行ったり。そういった意味では大変だったけど、くるりんぱのときは楽しかった思い出のほうが大きいですね」

スタジアムに一体感を生み出すなら、まずは自分たちから。

感じたのは、やり甲斐。

「コンサルは取り組んだ結果が目に見えづらく、効果があったとしても反応がうかがいしれない。いいものを提案しても、どのように実行されたのかが分からない。否定するつもりなど毛頭ありません。ただ自分がやる仕事としては、このままでいいのかなっていう思いは抱えていました。ベイスターズに来て、お客さまからダイレクトにフィードバックを得られるので、マイナスな反応だってすぐに届く。だからこそ中途半端なものは出したくないし、やり甲斐というところにつながってくると思うんです」

林がここベイスターズで働くのはやっぱり運命だったのかもしれない。

5 Game Notes

選手の知名度を、選手の人気を。

チーム付き広報の青木慎哉としては、それが自分のやるべき仕事だと考えてきた。

ベイスターズと言えばキヨシ。自分よりも選手の名前が挙がってくることを、中畑も期待していた。

メディアに大きく取り上げてもらいたい。その思いから青木は2013年のシーズン途中より

「Game Notes」を作成するようになる。簡単に言えば、試合前のメディア用資料。メジャーリーグに倣って、自分で手掛けることにした。その日の試合でチームや選手が達成しそうな記録など記事になりそうなポイントを調べてまとめていく。

ホームゲームだけではない。ビジターも全試合だ。それに試合ごとに数字が変わるので、通常の広報業務を行なった後にやることにした。

「記者さんにはいい記事を書いてもらいたいし、Game Notes があることで取材の参考にしてもらい、それでベイスターズの記事の扱いが大きくなればファンもうれしい。テレビやラジオでの中継では、その資料が引用されることもよくありました」

書くのは決して嫌いじゃない。

湘南シーレックスを担当していた時代、球団のホームページに選手の記事を載せ、「月刊ベイスターズ」でも執筆している。頑張っている選手に、目を向けてもらいたい。その熱によって、Game Notes は休みなく続いていく。

ナイターの場合、選手のメディア対応など広報業務が終わるのは大体22時過ぎになる。そこから選手の成績を最新のものに書き換えたうえで自宅に帰る。時計の針は午前0時を越えていることが多い。ビジターの試合になるとたまに選手から食事に誘われることもある。着手する時間がさらにずれ込むこともしばしばだ。

疲れているにもかかわらず、データとにらめっこしながら次の日の Game Notes のトピックを考え、書いていくとなると気がつけば朝4時になっているとか。そこから寝て朝9時に起きてから、原稿を会社に送って資料に間違いがないかをチェックしてもらう。

もっと試合ギリギリでもいいんじゃないかとも思うが、朝でなければならない事情がある。

「部長からは〝数字が間違っていると、文書偽造になるから〟と言われたので（笑）。間違ってしまうとメディアの方に迷惑を掛けてしまうし、しっかりとチェックしてもらわないといけないんです」

15時の公示を待ってから、メディアに配布される。どうしてもトピックがない場合は、事業系イベントのトピックを採用することもあったとか。

「解説の仕事にきた球団ＯＢから〝よくできている〟と言われるとうれしかったですし、Game Notesのトピックを使ってもらえることが僕のひそかな喜びでした。大変ではありましたけど、チームを、選手を取り上げてもらえるんですから」

青木のGame Notesは他部署からも認められ、ホームページにも掲載されるようになった。

２０１３年途中から中畑監督が退任する２０１５年シーズンまでずっとやり続けた。

青木には、ちょっとしたこだわりがあった。

ファームから上がってきた選手に対しては、ファームでどのような活躍をしてきたかを必ず入れるようにした。

一軍で活躍してくれよ。そんな願いを込めて――。

6　快進撃からの最下位

もはや春の珍事とは言わせない。

2015年シーズン、中畑ベイスターズはゴールデンウイークを過ぎても快進撃を続けていた。5月8日、ホームでの読売ジャイアンツ戦。4点ビハインドをひっくり返しての逆転勝利で6連勝を飾る。貯金は何と7。中畑が植えつけてきた〝あきらめない野球〟がそこにはあった。

このゲームを締めくくったのが亜細亜大学からドラフト1位で加入したルーキーの山﨑康晃だった。3者連続三振でピシャリと封じ、プロ野球新人記録を塗り替える9連続セーブを達成した。破顔一笑、中畑もご機嫌だ。

何より打線が好調だった。

3番・梶谷隆幸、4番・筒香嘉智、5番・ホセ・ロペスがクリーンアップを固め、キャプテンに就任した筒香は開幕から2試合連続ホームランを放つなどチームを引っ張っていく。リードオフマンの石川雄洋（2021年3月に引退を表明）が第一打席で出塁すれば勝つという現象まで起こった。中畑が信じて使い続け、育ててきた若い選手たちがいかんなく実力を発揮するようになっていた。

連敗もあれば連勝もある。この不安定さもスリル満点のアドベンチャー映画を観ているようだった。

快進撃も重なって横浜スタジアムの大入りが続いていく。

中畑はチケットを2枚用意してもらえないかとチームマネージャーにお願いしたことがあった。するとつれない返事が返ってきた。

「監督、なめてもらっちゃ困ります。チケットは1枚もないです」

えっ、と聞き返した。断られてムッとしたわけではなく、湧いてきたのは喜びの感情であった。

「だってそうでしょう。俺が来た2012年は、まだまだこれからで空席も目立っていた。俺が広報部長だ営業本部長だと言って、表に出ていって、一日だってメディア対応を断ったことなんてない。インタビューの申し込みがあったら、全部引き受けろと言ってきた。弱いチームだったけど、最後まであきらめないような野球ができるようになった。マスコミも取り上げてくれたよ。それに球団職員が一人ひとり頑張って、チケットの取れないスタジアムにしてくれた。いくら強くても、お客さんが入らないチームはやっぱりプロじゃないから。もちろんコーチをはじめチームスタッフ、選手の頑張りもあった。うれしかったね。監督の俺が、チケット手に入らないんだから」

貯金は最大11まで膨れ上がった。

だがキヨシスマイルの裏には冷静に分析する中畑の姿があった。高田から監督を就任打診された際、冷静な一面を示したように。

戦力を考えても、うまくいきすぎている。負けが続いたときにどう素早く建て直せるかが、初のクライマックスシリーズに向けて大事なポイントだと考えていた。

南場智子オーナーには「この貯金は正夢ではありません。まぼろしだと思っていてください」と胸のうちを明かしていている。

南場にはリスペクトの念を持っていた。自由闊達な組織を編成してベイスターズを変革し、チームに対しても理解が深かった。だからこそリップサービスはしちゃいけないというのが男キヨシの礼儀だった。


「マイナス思考のことは口にしちゃいけない。本当にそう思ったよ」

チームは6月に入ると引き分けを挟んで球団ワーストの12連敗を記録する。貯金どころか、借金生活に入ってしまう。それでも心構えはしていただけに動揺はなかった。

「野球っていうのはね、メンタルコントロールがとにかく大事なんだよ。だってバッターなんて3割程度だよ、ヒットになるの。残り7割の打席は打てないんだから。失敗したらどう消化していくか。攻めに転じるときはプラス思考でいいけど、基本的にはマイナス思考で準備しておかなくちゃいけない」

石川の負傷による離脱や、山﨑の疲労もチームに影を落とした。だが7月12日の東京ヤクルトスワローズ戦を、ベテラン三浦大輔の好投で勝利して流れを引き戻すと翌日からの読売ジャイアンツ戦で3連勝。借金を返済して17年ぶりとなる首位ターンを実現する。

夏場、南場オーナーから続投を要請されていた。だが即答は避けた。

「オーナーにはこの先に待っているチームの変化を見届けてほしいんです」

中畑にとってもここが正念場だった。


結果は無情だった。

息を吹き返すどころか、連敗を繰り返してしまう。結局は最下位に転落。続投を要請されていた中畑はケジメとして退任を決断する。

ジャイアンツの大先輩で、恩人の長嶋茂雄にも報告した。

「お願いされたんだったら、受ければいいじゃないか。そんな幸せないんだぞ」

ミスターの言葉はありがたかった。だが１度心に決めたことを曲げるわけにはいかなかった。

最終戦は10月３日、横浜スタジアムでのジャイアンツ戦だった。

信頼を置いてきた三浦を先発させ、育ててきた筒香は２発、梶谷までがホームランを打った。

４点ビハインドを追い掛けて２点差まで迫ったが、届かなかった。

４連敗締めというのも、何だかオレらしい。

負けてはいたが、選手たちが最後、何とか勝利で送り出したいとする気概は伝わってきた。もうそれで十分だった。

試合後、ファンに挨拶する場が用意された。

選手は整列し、スタンドからは「キヨシ、やめないで～」「中畑、ありがとう！」の声が響き渡る。

「どんなゲームであってもこのチームの選手たちは最後の最後までどのポジションだろうと、あきらめない野球をやり通してくれました！　その結果、惨敗です。その責任はすべて私にあります。責任の重さを感じてます。うれしいこともありました。昨年この場所で挨拶したときに、23試合の大入りという、ファンのみなさんの熱意を感じました。今年は倍づけでお願いします、と伝えました。そうしたら43試合の大入りでした。プロ野球は何と言ってもファンの声援、そして後押しがなければ成り立ちません。このスタジアムでプレーする喜びを選手は感じてくれたはずです。本当にファンのみなさん、ありがとうございました！」


拍手は、鳴りやまなかった。

キヨシコールは、鳴りやまなかった。

あのときを思い出しただけで感極まる中畑がいた。

「俺、正式に辞めるって一言も言ってなかったんだけどね（笑）。最後にスタジアムを一周して、みんなから声を掛けてもらって、俺、幸せもんだなって思ったよ。だって最下位の監督だよ。罵声浴びせられたっておかしくない。これだけの多くのファンが集まる場所になったんだって、感慨深いものはあったね」


いつも理解を示してくれた南場オーナーとも、そして本気でぶつかりあった池田社長とも握手した。感謝の言葉を述べ、感謝の言葉を伝えられた。辞意を伝えていた高田に「戦力が整わずすまなかった。それでもよくやってくれた。ありがとう」と声を掛けられると、涙が出そうになった。

〈こっちがありがとうだ。この野郎〉

高田が声を掛けてくれなかったら、キヨシ監督はなかった。DeNAとの出会いだってなかったかもしれない。高田にも深々と頭を下げた。

監督であり、自称・広報部長、自称・営業本部長。職員たちも次々に挨拶に来てくれた。選手のみならず、球団職員にとっても「監督」だった。

いじられて全然OK。「熱いぜ！」をキャッチフレーズに、どんなイベント、グッズ、グルメであっても利用されて構わない。

ファミチケ100万円VIPパックという球界史上最高価格の100万円チケットというものがあった。

リムジンでお出迎え、ヘリコプターでの横浜上空クルーズに、練習見学、特等席での観戦、中華街でのディナー、スイートルーム宿泊など、VIPサービスが詰まったチケットを2013年のゴールデンウイークで初めて実施することになった。

勝利したら監督もディナーに参加するという相談を事業本部長の三原一晃から持ち掛けられた。

「勝たなかったら俺行かないって、それ、サギになっちゃうぜ。勝っても負けても、俺は行くよ！」

購入者からすれば中畑と一緒に食事できる、できないでは大きく違う。球団としては中畑に気を遣ったつもりだったが、そこは余計なお世話。俺がいいと思ったら全力でやってやる。

その日、大差で敗れる結果になってしまった。それでも中畑は気持ちを切り替えて、ディナーに足を運んだ。購入者が感激したことは言うまでもない。

サービス精神から飲み過ぎてしまったが、ここまでファンサービスに乗っ掛ってくれる人はきっといない。

球団職員からも愛された。

1月6日の誕生日は、仕事始めの球団事務所がいつも「誕生パーティー」の場だった。還暦の際には自分の似顔絵が入った赤いTシャツをみんなが着込んでくれていた。チームも家族、球団も家族。一日一日が楽しかった。

中畑はしみじみと語る。

「最初は覇気がなかったのに、あのころになると有り余るようになっちゃっていたからな。球団もチームも、持ちつ持たれつ。確かに怒ったことは何度もあったよ。でも逆に、忌憚なく言い合える環境だったからこそ、ストレスはなかった。最高の4年間。俺みたいな幸せ者、いないんじゃない？」

中畑は、自分を幸せ者だと言った。

だが中畑に出会えた横浜DeNAベイスターズこそが幸せ者であった。

キヨシだからこそ、こんなに幸せにしてくれた。キヨシだからこそ、こんなに愛される球団になったのだから。

第4プロジェクト

「振興と親交。子供たちのハートをつかめ」

1　愛される球団になるために

話は2012年にさかのぼる。

前年限りで現役生活にピリオドを打った桑原義行は総務部から「社長室兼地域貢献室」へ配属された。池田純社長直属の組織であり、地域貢献には野球振興という重要なミッションを抱えている。その意味で現役を終えたばかりの桑原への期待値は高かった。メンバーにはレジェンドの鈴木尚典や、リリーフで活躍した小山田保裕ら引退後に球団職員となった元選手たちもいた。

DeNAからすれば神奈川県内のプロ野球ファンの大半はジャイアンツファンという認識。地域密着、地域貢献していくことでベイスターズファンを掘り起こしていかなければ、ここで生き抜いていく未来はないという危機感を当初から抱いていた。社長直属の部署であるからこその決意を、桑原も感じ取っていた。

ベイスターズは社会人野球の強豪ENEOSとともに2006年、NPO法人「横浜ベイスターズ・スポーツコミュニティ」を立ち上げていた。プロとアマが共同出資しての社会貢献活動は、画期的であった。1992年のバルセロナ五輪で日本代表監督を務めたアマ界の大物、山中正竹がベイスターズで役員を務めていた関係もあって実現できたものだった

野球教室や指導者講習、慰問活動などを実施しており、OB選手や球団職員の畠山準らが中心になって動かしていた。ただ、イレギュラーな活動が多く、1年を通じてのプランが具体的にあ

ったわけではない。この組織をきっかけにして、もっと有効活用できないか。「ベイスターズ・ベースボールアカデミー」に名称を変更して、プランニングしていくのが桑原の役割となった。

「それまでも小学校訪問や幼稚園訪問はやっていましたが、活動を広げられてはいなかった。池田さんから与えられたミッションとしては、横浜市だけでなく、県内すべての自治体と結びついてこい、と。尚典さん、小山田さんたちと手分けして各市の少年野球連盟や中学体育連盟などに電話して〝ベイスターズとして野球教室を開きたいんですが、いかがでしょうか〟とお願いしていくことになります」

小田原市、大和市、川崎市、相模原市……週末になると野球教室を開くことができるように動いた。それでも反応は今イチ。ＤｅＮＡの知名度もなく、警戒している連盟も一つや二つではなかった。ある連盟からは「プロの人が勝手にやってきて、自分たちと違う教え方されたら迷惑なんですよ」とあからさまに嫌悪感を示されたこともあった。


ベイスターズの力ってこんなものなのか。

地元球団なのに、地元から愛されていないなんて。愕然とした。

行動あるのみ。電話だけじゃ、こちらの思いは伝わらない。時間があれば連盟を回って、担当者の目を見てお願いした。連盟の懇親会などがあると聞いたら顔を出すようにした。まさに「野球教室」という名の営業活動。次第に敬遠されることはなくなってきた。

指導法もマニュアルをつくり、野球をする楽しさ、スポーツマンシップの大切さを教えていくことで自治体の協力も得られやすくなると考えた。

「プロ野球選手を相手に難しいことを教えてもできないのに、それを小学生にというのはどうなのかな、と。それよりもメンバーは現役をやめてそんなに時間が経っていないから、子供たちの前でプロのプレーを見せてあげましょうよ、とみなさんと一緒に決めて。尚典さんが子供たちの前でパカパカ打つだけで、無邪気に喜んでくれるです。凄いって」

1年目で神奈川県の半分の自治体で野球教室を実施し、翌2013年からはさらに活動の幅を広げていく。中学生にはより実践的に、小学生にはより楽しく、基本を教えていく。教室の基本メンバーは地域貢献室の誰かが担当することになるので、終わればフィードバックして次回に反映するようにした。教室の質を上げていけば、当然「もう一度お願いしたい」と逆に声が掛かるようになっていく。

市や行政を重点的に回ったのが池田と地域貢献室長の壁谷周介である。2人で行政に挨拶をするとともに「良かったら置いてください」とベイスターズの選手のパネルを渡した。認知してもらうこと、ベイスターズは横浜のみならず神奈川県全体に貢献していきたいという意思があることを伝えたかった。

壁谷はソニー、ボストン・コンサルティング・グループを経てDeNA体制移行時に入社してきた転職組。のちにチームのデータ戦略において辣腕をふるう彼の詳細は、後に触れることにする。桑原にとっても優秀なビジネスマンが上司にいたことは幸運だった。基本的なビジネススキルを教わることができた。

「野球教室はＮＰＯ法人で動かしていたので、事業報告書、決算書や経理も担当していました。プロ野球選手出身ですから、最初はチンプンカンプン。壁谷さんが教えてくれました。そうなると次から頼まれることが増えましたけどね（笑）。よくプロ野球の世界とは違うから大変でしょ、とか言われますけど、僕からしたら、現役時代に感じていたプレッシャーに比べたら何てことはない。それに苦労なしに、きつい思いなしに、セカンドキャリアで成功できるなんて思ってもいない。だから与えられた仕事で結果を出そうと、そういう思いを持ってしっかりやっていこうと思っていました」

連盟にお世話になったら、御礼の手紙を書くようにした。壁谷に見せたら、いつも赤ペンでびっしりと修正が入った。だが次第に修正の数が減っていき、何も言われなくなった。桑原はまさに壁谷の右腕となっていく。

野球振興は、何も少年野球教室にとどまらない。

２００５年から始まったＮＰＢ12球団ジュニアトーナメントでも、真剣モードに入っていく。夏に小学６年生を対象にセレクションを行ない、12月の大会に臨むのが流れ。桑原たちが関わった２０１２年の大会は１回戦敗退に終わった。池田から直々に「どうして簡単に負けちゃっているの？」と軽くクレームがきた。

ジュニアトーナメントも大事な野球振興。

桑原は神奈川県内のあちこちで連盟のルートを開拓していたこともあって、それぞれに「優勝を狙いたんです。協力していただけませんか？」と呼び掛けた。

以前だったら軽く受け流されていたかもしれない。

でも今は違う。「うちの連盟にはこういう凄いピッチャーがいる」「あそこの連盟のあの子がバンバン打つらしい」などと情報が自然と集まってくる。

ジュニアチームへの応募も２００人から２０１３年には５００人に増えた。セレクションが終わると、調整が大変になってくるのが練習場所。ここでも連盟のほうから手配してくれた。

その結果、準決勝まで進んで3位に。優勝はできなかったが、神奈川県全体で協力して戦えたことに喜びを感じずにはいられなかった。

真心を伝えれば、真心で返ってくる。誰にも振り向かれなかったベイスターズの輪が確実に広がっていると思うことができた。

「3カ月間、ガッツリと子供たちと向き合いました。子供たちだけじゃなくて保護者のみなさんとも、いろいろと話すことができて、進路相談とかもされたりして。濃いチームになっていくのが僕たちも楽しかった。今でも良い思い出として残っています」

ジュニアチームは翌２０１４年も準決勝に進出して3位となり、２０１６年に念願の初優勝を遂げることになる。

シーズンオフには神奈川県・横浜市18区に住む子供たちを対象に「キッズベースボールフェス

ティバル」を開催することも恒例になった。一軍の監督、選手も参加する３０００人規模の大掛かりな野球教室だ。中学生に対しては県中学硬式野球の４つのリーグに所属するチームを集めて「ベイスターズカップ」を実施。続いて真夏の恒例行事としてプロ（ベイスターズファームチーム）、社会人、大学のチームが一堂に会してトーナメントで戦う「神奈川県野球交流戦」も設けた。

地域の違いも、プロ・アマの垣根も、ベイスターズの野球振興はもの凄い勢いで乗り越えていった。

ファンを掘り起こしていくには野球少年少女だけがターゲットではなかった。夢を持つことの大切さを伝える「星に願いを」プロジェクトでは横浜市教育委員会事務局の協力を得て、選手の学校訪問を定着させていく。「神奈川県こどもデー」と題した試合観戦の無料招待も手厚くしていった。

野球振興が地域貢献につながっていく効果。

桑原はこう述べる。

「野球振興は、なかなか成果が見えづらいところがあります。のちにスクール事業ができて収益化していきますけど、お金を稼ぐ部署ではないので。ただ認知という点ではチームの人気があってのことではありますけど、僕たちも活動を通じて段々と広がっているなとは感じてきました。ガムシャラにやった時間が無駄ではなかったんだなと。仕組みをしっかりつくって、後の人にバトンタッチできたことは良かったなと思います」

野球振興のベイスターズ。それはまだ序章に過ぎなかった。

2　會澤裕頼（現在はビジネス統括本部野球振興・スクール事業部部長）

中畑清監督が退任して1カ月、2015年11月の人事で野球振興・スクール事業部長に會澤裕頼が就任した。順調に成果を出している部を引き継ぐにあたり、會澤はあらためてマーケティングデータと照らし合わせることにした。

野球人口が減るのは、少子化の現状ではある程度仕方のないこと。ただ「投げる」動作の能力低下が叫ばれるなか、會澤はある大学の先生から「投げる動作が子供たちの脳の発達にも凄く寄与する」という話を聞き、リサーチを始める。投げる動作と明るい性格が結びつくという興味深い研究結果もあった。

「投げる」競技は野球だけにとどまらないものの、野球を子供たちに広めていく意義があると「腹落ちした」。これまでは小学生の高学年を訪問活動の主対象としてきたが、園児、小学生低学年をターゲットに移すことにした。2017年に入ると「やきゅうみらいアクション」と活動に命名して注力していく。

競技人口を増やすことだけが狙いではない。むしろ野球に関心のない子供たちにもタッチすることで未来のベイスターズファンを開拓する狙いもあった。

「少子化の今、野球人口を増やすのは難しい。減少の曲線をできるだけ緩やかにして、たとえ野球をやってもらえなくても、野球に興味を持ってくれたり、ベイスターズを好きになってくれる子供を増やしたり、そういったことが大事になると思っています。競技人口のことだけにフォーカスすると、コミュニケーションエラーになってしまう」

　柔らかいボールで「投げる、捕る、打つ」に馴染んでもらい、マスコットのＤＢ・スターマン、ＤＢ・キララ、そしてオフィシャルパフォーマンスチームのdianaと一緒に運動をする。明るく、楽しく、元気に。幼稚園・保育園の野球ふれあい訪問や小学校体育授業訪問は、年１００回以上という超ハイペースでこなしていくことになる。

　未就学児にはいきなり野球だとハードルが高いと感じて、固定したボールを打つオリジナルの競技「ＢＴボール」を開発して「ＤＢ・スターマンカップ」として大会を開催することにした。ちょっとでもハードルを下げて、子供たちの関心を誘うための工夫であった。

「ＤＢ・スターマンカップをどうして立ち上げたかと言うと、そこを目指して日頃から練習して、野球をやる習慣ができればいいなという思いからです。大会があったほうがいいとかじゃなく、目標に向かって頑張ることが日常になるように、と」

　商業目的が第一になってしまえば、ムーブメントは起こらない。教育的見地に立つことを忘れない。


　やきゅうみらいアクションを実施したら、必ずアンケートを取るようにした。すぐにではない。３カ月後というのがミソだった。

「訪問してすぐアンケートを取っても、大体は〝楽しかった〟〝またやってみたい〟になります。３カ月後だと、その後の変化が分かります。〝パパとキャッチボールをやるようになった〟とか

〝ベイスターズのファンになった〟とか。〝地元の野球チームに入った〟なんて子もいましたよ。その子の日常に野球が入ったかどうかを確認できるんです。

年間100回ちょっと訪問していますから、1回の訪問で2人、野球を始めてくれたら200人増えることになります。単純計算、野球チームが5つくらい新しくできる効果。非現実的ではない目標として取り組めました」

野球振興に来るまでは法人営業部の部長。マーケティングや数値目標、方向性の共有などビジネスマンスキルをここでもフルに発揮している。

會澤の経歴はちょっと面白い。

半導体の企業などを経て、2005年にDeNAが東京証券取引所マザーズに上場する前日、株式会社ディー・エヌ・エーに入社した。プロスポーツチームで働きたいという希望がずっとあり、IT企業の仕事は「そのプロセスの一環」と考えていた。

DeNA本社では新規事業のコンペがあり、會澤は必ずスポーツビジネスを提案していた。わずか3年で退社したのは、あるJリーグのクラブの再転職が決まったため。ベイスターズの株式を取得する以前の話である。

會澤が務めたのは関東にあるJ2のチーム。横浜にいる家族を残しての単身赴任で、選手寮に入った。DeNA本社時代より給料もグッと下がり、仕事の充実感はあっても環境も待遇も仕事の対価には合わないという考えが強くなっていく。家族のことを考えても、転職を視野に入れるようになった。

自分が離れたのちにＤｅＮＡはベイスターズの株式を取得。自分が進言していたプロスポーツチームの経営が実現していた。バリバリと仕事が出来る社風から「ＤｅＮＡなら絶対、人気チームになるだろう」という妙な確信があった。

ＤｅＮＡとの縁が切れていたわけではなかった。結婚式場のサイトを運営するＤｅＮＡ出資のベンチャー企業から誘いがあり、そこで営業部長を務めることになった。会社の業績も上々で上場を目前にしていたころに、ベイスターズの人事から連絡があった。参入１年目、２０１２年シーズンを終えた時期だった。

「會澤さんはプロスポーツビジネスに興味があったでしょ。どう、ウチでやってみない？」

この仕事にやり甲斐を感じていただけに迷った。だが、自分の歩んできた道が、ベイスターズにつながっているように感じた。迷った挙句、転職を決めたのだった。


配属されたのは法人営業部、それも部長職。プロ野球チームの営業はJ2チームとは比べものにならない大きな規模だけに、さすがに気後れしそうだった。だが仕事を始めてからすぐ、自分がここに配属された意味が分かった。

「内情を把握してみると、やみくもに営業していて、悪く言えば戦略が乏しく、行きあたりばったり。10億円のお金を生み出すには何倍もの件数を提案してはじめてつくれる。つまり１００億円分の提案がないと、つくれないんです。そういった戦略らしい戦略もないし、共有もない。ここ（営業）が強くならないと、チームだって強くならない。だってお金を稼がないと、お金をチームに回せないじゃないですか。事業が回らないとチームも回らない。両輪の意識も希薄だと感じましたし、これはやることがいっぱいあると感じました」

朝礼も日報もない。

これでは共有を図ろうにも難しい。配属2日目から朝礼と日報を決まりごととした。口うるさいことを言うつもりはない。ただヤル気がある集団にしたかった。そうしないとチームが強くならない。スポーツビジネスでやりたかったことはここ。働く者のエネルギーが、チームのエネルギーにつながるということ。Jリーグのクラブで経験したのは、社員たちの熱が低くなってしまえば、それはチームの結果にもあらわれてしまうということ。

ベイスターズには希望があった。横浜という街の魅力、ホエールズ時代からの伝統、野球の文化……法人営業部全体に、この仕事のやり甲斐を感じてもらいたかった。

「社会的な認知度のあるプロ野球チームを営業していくって、売りやすいはずなんです。自分のところの商品に自信がないと、売るときに〝申し訳ないな〟って心のどこかにそんな思いが生まれてくる。チームに誇りを持てばいいんです。当たり前のことを当たり前のようにやっていけば数字はつくれるというマインドセットから始めました」

中畑ベイスターズの注目度やスペシャルイベント、スペシャルチケット効果による観客動員の上昇にも後押しされて、法人営業部の業績も上がっていく。１９９８年の日本一以降、右肩下がりだった法人用のシーズンシートの売り上げも回復させた。職員としてチームの勝利に貢献したいというマインドセットが、法人営業部全体のやり甲斐になっていた。

法人営業部でのマインドを、野球振興でも。

子供たちに野球とベイスターズを広げていくことが、結局はチームの勝利につながっていくと會澤は信じて取り組んだ。

小学校訪問と幼稚園・保育園訪問は同じ野球振興のＯＢ選手が担当していた。會澤はここにもメスを入れる。

「うちのレジェンドの鈴木尚典が幼稚園に行っても、園児は誰だか分からない。楽しませるのがメーンになりますから元選手よりもdiana、マスコット、園児の指導に慣れているスタッフに任せて、小学校のほうにＯＢに行ってもらう。ＯＢもそっちのほうがやりやすいということでした。そうやって住み分けすることによって訪問の数も増やしていくことができました」

10をやるには１００の提案なくして、10を得られない。

やきゅうみらいアクションを注力していくにあたって、子供たちの関心を呼ぶためにはまだ何かが足りなかった。

マスコットのＤＢ・スターマン、ＤＢ・キララを連れていくには、ワゴン車を使って移動しなければならない。球団のロゴだけ貼ったようなどこにでもあるような車では面白くないと漠然と考えていた。同じ部に当時ライブ・エンタテインメント部から異動してきた女性がいた。

「車のデザインで何かいいアイデアないかな。子供たちが喜ぶような何かインパクトがあるようなものを」

それがスターマン号誕生のきっかけだった。

3　林優美（現在はビジネス統括本部MD部販売・営業グループグループリーダー）

わっ、スターマン号だ！

車のフロントには愛くるしいDB・スターマンの顔、リアには尻尾。メタリックブルーのヘルメットをかぶりユニフォーム姿のキャラクターが車いっぱいにペイントされている。その車があらわれるだけで、子供たちのテンションが一気に上がる。

外部発注のデザインではない。野球振興・スクール事業部の林優美がサラッと描き上げたものだ。

「訪問に来ただけでワクワクするような車だと喜んでくれるだろうなと。ディズニーランドやサンリオだって全国行脚に出るときには専用車がありますよね。子供たちが喜びそうなデザインと考えて、ぱぱっとラフに描いたものを會澤さんたちに見てもらったら〝これ、いい！〟って。DB・スターマンをかわいいなって思ってくれたらいいかなって」

林の案が採用され、すぐに制作に取り掛かる。デザインから完成まで、あっという間だった。

デザインが良かったのも確かだが、マスコットに対する林の目には、誰もが一目置いていた。

オリックスバファローズからの転職組。2013年1月に入社してからはライブ・エンタテインメント部に配属され、DB・スターマンに続くキャラクター、DB・キララ誕生に携わった。

DB・スターマンと同じ星型の顔、星型の肉球、背中にはピンクのスターがある。ダンスが得意な元気で明るい女の子。大きなブルーのリボンが特徴だ。「身長はポンポン5個分、体重はポンポン10個分」と、すべてポンポンがモノサシになっている。dianaと踊ることが何よりも大好きなんだって。

新キャラクターの設定を、侃々諤々《かんかんがくがく》と部内で協議。「DB・スターマンが一目ぼれしているけどDB・キララはダンスが好きだから恋愛には興味なし。さあ2人の恋の行方は？」とストーリーまでつくり上げた。

マスコット担当になった林は、売り出しに掛かる。DB・スターマンへの第一印象は「斬新だった」そうだ。売れる予感があった。

「プロ野球のマスコットはいっぱいいますけど、DB・スターマンのように走れなそう、動けなそうというのはなかなかいない。でも丸い形って好かれるんです。ホッシーは星型の顔で、とがっていることで泣いてしまう子もいたそうです。丸い顔には安心感がある。それにベイスターズに入ってみて、〝テレビよりも実物のほうが断然かわいい〟ってよく言ってもらったんです。だったらもっと出ていって、直に見ていただいたほうがいいでしょう、と」

球団イベントのみならず、DB・スターマンとDB・キララはやきゅうみらいアクションには欠かせない存在になっていく。どこにいっても、周りは子供たちでいっぱいだった。

DB・キララの誕生には、もう一つの狙いがあった。

ベイスターズはスクール事業として男子を対象にしたベースボールスクールを始めていたが、2013年4月に4歳から小学6年生の女子を対象としたチアスクールを開校した。dianaの現役及びOGが講師を務める本格的なスクールで、生徒は横浜スタジアムのホーム試合でパフォーマンスができるというのが売り。DB・キララはチアスクールの盛り上げに一役買うため、ダンス好きのキャラクターが強調された。

そもそもdianaこそがベイスターズの貴重なコンテンツだった。2006年にオフィシャルパフォーマンスチームとして結成され、ホームゲームを盛り上げる役割を担う。ダンスパフォーマンスのみならず、リリーフカーの運転なども任されていた。

dianaとチアスクールの運営はライブ・エンタテインメント部が行ない、林が担当していた。しかし「同じスクールだから野球振興で一緒のほうがいい」とする会社の方針で2014年11月に林の異動に伴い、その業務も一緒に引き連れていくことになった。

チアスクール事業が発展するには、講師となるdianaの現役及びOBが働き甲斐のある環境でなくてはならない。林はスクールに極力顔を出すようにして、「働きやすい環境づくり」を心掛けた。困ったこと、改善することがあれば相談に乗った。一方で子供たち、保護者の目線に立って、いくつかあるスクールのクオリティを一定に保ち、レッスンの成果を保護者に見てもらうためにスタジアムだけでなく、年に1回、大劇場を使用しての舞台発表会を開催した。スクールへの申込数は年々、上昇していく。

「スクール生本人だけでなく、保護者の方も毎週のレッスンで送迎をしてくださったり、ご自宅でのダンス練習につきあってくださったりと、ご家庭の生活の一部になっています。舞台発表会は、子供たちの成長を感じていただきたいのはもちろん、保護者のみなさまへ1年間の感謝の気持ちをお伝えしたいという思いが大きいです。このスクールに通って良かった、と思っていただけるよう毎年、先生たちとアイデアを出しあって準備をしていました。最初は野球に興味がなかった子も、自然と応援歌が口ずさめるようになったり、スタジアムが好きになったり、野球とのかかわりが生まれているのも喜びでした。いつかスクール生からdianaメンバーが誕生するのが私たちの夢です」

チアスクールとdianaとスターマン号。女子と子供のハートをガッチリつかんだことはベイスターズの新たな財産となっていく。

4　畠山準（ビジネス統括本部野球振興・スクール事業部コーチンググループ）

林優美がデザインしたスターマン号の運転席から、大きな体を揺らしてオジサンが降りてくる。いつもニコニコの優しいオジサン。

畠山のオジサンは凄いんだよ。徳島・池田高校で優勝した甲子園の大スターで、南海ホークスのドラフト1位で、投手から打者に転向してベイスターズで活躍して。オールスター戦には3年連続で出場して、1998年の日本一では右の代打の切り札だった、あのレジェンド。

野球好きのパパなら、野球好きの園長先生なら知っている。

ファンの心境を幼児たちはつゆも知らず。無邪気にボールを使って、オジサンと遊んでいる。


やきゅうみらいアクションの定着に尽力した一人が、畠山準である。年100回以上、小学校や幼稚園・保育園に訪問して、責任者として活動を行なってきた。スターマン号の運転姿は、ハマの、いや神奈川県内の名物になった。

「野球人口が減っていることは分かっていました。少年野球のチーム数、そもそも選手の数も減っていて、単純に少子化の影響だけでなく神奈川県内でもサッカーをやる子のほうが多い。幼児や小学1、2年生を対象にするのも、何か習いごとが始まる前に野球への興味を刷り込んでおきたいという意図もあります。活動を通じて野球に触れ合ってもらって、少しでも興味を持ってほしいなって」

穏やかな口調が人柄を醸し出す。子供たちに人気があるのもよく分かる。

畠山は日本一を達成した翌年の1999年シーズンを最後に、ユニフォームを脱いだ。

戦力外通告を受けたのは8月末。ビジターの広島東洋カープ戦の際、新聞記者に声を掛けられた。

「畠山さん、現役を辞めたら何をやるんですか？」

耳を疑った。

現役を辞めるって、この記者は一体、何を言ってるんだ。怒りに近い感情がこみ上げるなか、運営部長に「試合が終わったらホテルの部屋に来てくれ」と呼ばれた。

来年の戦力に入っていないとストレートに言われた。チームは連覇を狙える位置にいたため「シーズンが終わるまでは黙って、やっていてほしい」と伝えられた。

35歳、まだまだやれると思っていた。引退は考えていなかった。それからは他球団の状況を自分なりに調べたりもしていた。だが再び球団から、「職員としてベイスターズに残らないか」という打診を受けた。選手会長を務めてきた調整力や人間力を考えると、球団としても手放したくないというのが本音であった。

「球団の仕組みがどうなっているか、一から勉強してほしい」

大堀隆社長からそう命じられ、謙虚な気持ちを持って第２の人生をスタートさせた。

現役を引退した選手は指導者かスカウト、スコアラーになるのが一般的だった時代。だが畠山は言わば背広組となり、業務部に入った。パソコンも自分で購入して、大きな指を使ってキーボードを打つことから始めた。

ＴＢＳに経営権が移ると、総務部に所属してスカウトら現場の経費精算を担当した。赤坂の

ＴＢＳ本社にもスーツ姿で出社していた。

「助かったのは、周りの職員が優しく教えてくれたこと。イチからまったく違う仕事をやるわけですからね。骨は折れましたよ（笑）」

出社は早く。仕事に前向きな姿勢があったからこそ、周りも畠山をバックアップした。職員としてもだいぶ板についてきた。

職員の仕事をこなしつつ、２００６年には今の野球振興の土台となる「横浜ベイスターズ・スポーツコミュニティ」の副理事長として地域貢献活動にも励んだ。

古巣である福岡ソフトバンクホークスの地域貢献が進んでいると聞くと、ヒアリングに向かった。北海道日本ハムファイターズにも。神奈川に野球振興の風穴を開け、軌道に乗せていった。

業務部時代には湘南シーレックス担当を務め、２０１０年シーズン限りで幕引きとなった際に横須賀で挨拶回りもしている。「せっかく応援してきたのに、どうしてチームをなくすんだ」と反発する声も少なくなかった。畠山はただただ頭を下げるしかなかった。

親会社がＴＢＳからＤｅＮＡに移行した２０１２年、最初に配属されたのが営業部だった。胃が痛くなる毎日を送ったという。

「以前にも営業の仕事はやったんですけど、あまり向いていかなかったんですよ。体制が変わって、もう１回頑張ってみるかと思って一生懸命やってはみたんですけど、なかなかうまくいかなかったですね」

赤字続きの球団を再建していくにはコストの見直しも当然、求められる。営業の職員は取引先とのタイトな交渉もやっていかなければならない。数字は大事だとしても、人情重視の彼には酷な面もあった。

畠山の強みは知名度とその人脈の広さ。

球界やＯＢのつながりはもちろんのこと、行政、そして地域密着の方針から足しげく通うことになる各地の商店街にも顔が利いた。この人材を、使いこなせないのはあまりにもったいない。その後はチケット営業を担当し、子供の無料招待を請け負うようになる。神奈川県内の自治体の窓口としては打ってつけだった。

試合日はスタジアムでチケットの引き換えもやった。地味な仕事ではあるが、きれいに埋めていく作業の醍醐味もあったという。

「決められた範囲のなかで、引き換えにくるお客さまを並びの席で渡さなきゃいけない。職員にも引き換え専門の人がいて、連係しながらやっていくんです。あそこ2席、ここ3席みたいな感じで。大変でしたけど、やっていくと面白いんですよ」

つい最近まで閑古鳥が鳴いていたスタンドが年々、増えていくのはＯＢとしてもうれしかった。球団が仕掛けるスペシャルイベントやスペシャルチケットが、ファンのニーズに応えているという実感もあった。無料招待でやってくる子供たちも、実に楽しそうにしていた。

畠山の現役時代を知っているファンは、少なくなってきたのかもしれない。

スタンドで、野球教室で、スターマン号で出迎えてくれる。ベイスターズにとって、ファンにとって、地域の人にとって大切な人であることに変わりはない。

野球振興部に移ってからも、商店街回りは欠かさない。新春の賀詞交換会には決まって顔を出すようにしている。

「みなさんからはお茶飲み友達くらいに思っていただければいいと思うんです。そこではベイスターズの話題になりますし、有難いですよね。リーグ優勝からはだいぶ遠ざかってますけど、シーズン前の1、2月だと〝今だけは偉そうにさせてください〟って言うんです。〝優勝セールやりましょう！〟って。シーズンが終わるころには〝ごめんなさい〟って謝っていますけど」

そう言って畠山は柔和に、優しく笑う。

第5プロジェクト

「横浜に根差し、地域とともに生きろ」

1 河村康博（現在はビジネス統括本部広報・コミュニケーション部部長）

野球振興は、そもそも地域貢献の一策である。

人口370万人の横浜市に、いや920万人の神奈川県に根差してこそ、ベイスターズは地域から真に愛される存在となっていく。MLBのチームがそうであるように。

2014年からは球団と横浜スタジアムがともに取り組む「まちづくり」プロジェクトとして「『I☆（LOVE）YOKOHAMA』を展開。「野球をきっかけに、横浜に関わるすべての人々が一つにつながる」をビジョンとした。

取り組みは横浜の町にフラッグなどを設置してベイスターズを知ってもらうことが一つ。『コミュニティボールパーク』化構想を進めて、横浜スタジアムや横浜公園に足を運んでもらうことがもう一つ。そして飲食店や小売店を中心に応援してもらう「CLUB BAYSTARS」を広めていくこと。つまりは横浜の日常に溶け込んでいくという決意が込められていた。

2014年3月に総合PR会社から転職してきた河村康博は広報部に配属され、ハマの街を歩いて回っていた。

当時の広報部は広報と広告という二つの大きな軸があった。河村は大学時代にメディア社会学を専攻しており、ここまでのキャリアも広報業務を専門としてきた。

「総合PR会社ではいろんな企業の広報を掛け持ちしてお手伝いしました。それはそれで充実していたのですが、複合施設を運営する企業に出向して広報活動を行なった際に、一つの企業でじっくりやるというのも面白いな、と。自分はそっちのほうが向いているんじゃないかと思っていたときに、ベイスターズが公募しているのを知りました。面接のときに、野球もそんなに知らないし、横浜に縁がなかったことも正直に話をしましたが、採用してもらいました」

千葉出身で、どちらかと言うとサッカー好き。横浜愛も、野球愛も履歴書に入っていない。組織のなかでは、ちょっと異色だった。

河村に与えられたミッションは、むしろ広告のほう。その経験は少なかったものの、新しい仕事、新しい街というのは刺激的でもあった。

「どういう広告をどういう場所に出したら面白いのか、話題になるのかという視点を持ちなさい」

上司にそう言われていた。となれば、街歩きしかない。

時間があれば人が集まるところへ繰り出していく。山下公園もランドマークタワーも中華街も。横浜に馴染みがない分、変な先入観もない。強く感じたのは国際色豊かで、海があって、オシャレで、人が集まる場所があって。横浜の魅力というものを新鮮に感じていた。電車の中吊り、バスの停留所、ショップ……。メディアにも注目されるようにベイスターズをどう告知していけばいいいか、いつも頭を悩ましていた。

2015年シーズンの本拠地開幕6連戦をPRするべく、河村は奇抜なアイデアを思いつく。縦10m、横10mの巨大広告を、巨大商業施設クイーンズスクエア横浜の吹き抜けエリアに掲出するというのだ。上司も「面白い」と乗ってくれた。話題づくりという点では大きなインパクトが必要だった。

「ベイスターズのことだけを考えていたら、できなかったと思います。商業施設側にもメリットがないといけませんから」

河村は開幕前に選手が参加する壮行会をここで行なうことをクイーンズスクエア側に提案し、巨大広告とセットで承認された。集まってくる老若男女にシーズンが開幕することをPRできるし、横浜に根づくというコンセプトとも合致していた。思っていたとおりメディアにも取り上げられ、広告と広報がかみ合った企画となった。

地域に溶け込みたい。そのためには行政の力になっていかなければならない。いつも協力してもらっているのだから、逆に協力できることはないかと河村も探っていた。横浜市役所のスポーツ振興課とは、よく連絡を取り合っていた。一企業の利益は二の次、三の次。横浜市のため、横浜を盛り上げるため、公共財としての気構えがなければ、行政は手を握ってはくれない。

横浜スタジアム最寄りの関内駅、横浜市役所周辺の下水道マンホールが老朽化に伴って新しいものに取り換えるという情報が伝わってきた。

これはチャンス。

ベイスターズで新しいマンホールを寄贈することはできないだろうか。球団は早速、市に提案してGOサインが出ると、ここから先を任されたのが河村たち広報部であった。

水道局もスポーツ振興課も歓迎してくれたが、大変だったのはデザインだった。

「時に市役所周辺は景観特別区域ということもあって、街の景観に合っていて、横浜らしさがあらわれていないとダメなんです。何度もデザインをやり直したんですが、なかなかOKが出ない。予定日までに間に合うかなって、正直焦りました」

カラーは紺色を基調とし、景観特別区域の一部には黒色を使用した。ベイスターズの星マーク、ロゴを取り入れつつ、東西南北を示す方位を記載。「I☆YOKOHAMA」の文字も刻んだ。

22個からスタートしたベイスターズマンホールは、好評とあって段々と増えていくことになる。

「マンホールの件も地元に密着する球団だからできること。普通の民間企業がやりたくてもできないことを、やれてしまう。行政にはいろいろなルールや規制もあるため、ハードルもはっきり言って高い。でもその分、クリアしたときの喜びは大きいし、反響も大きい。ほかにどんなことができるんだろうって、可能性を感じていくきっかけになりました」

どういう場所に、どういう広告を出せば話題になるのか。

河村は街歩きを続けた。

上を見ればフラッグ、下を見ればマンホール。ベイスターズが町に浸透していることは、歩いてみればよく分かる。足取りは、軽やかに――。

2 野田尚志（現在はビジネス統括本部飲食部部長）

12月1日は横浜ＤｅＮＡベイスターズにとって特別な日だ。

オーナー会議の承認を経た２０１１年のその日に、第一歩を踏み出している。２０１６年シーズンは記念すべき5周年目に入るため、インパクトのある企画をやりたいと野球振興部の部長を務める野田尚志は頭を悩ませていた。出発から4年後の12月1日に発表できればベストだ。

野田もまたアクティブサラリーマン層の30代。小さいころから野球に馴染みのある世代だった。

ミーティングの席で誰かが言った。

「最近、街で野球帽をかぶって歩いている子供って少なくないですか？」

一同、うなずく。マーケティングのデータを取り寄せなくても、街を見渡してみれば一目瞭然。自分たちが子供のころは、野球帽をかぶった少年がゴロゴロいた。ベイスターズは極めて少数派だったが。野田も野球少年。昔と今では随分と時代が変わったんだなと、変に納得している自分がいた。

野球帽？　それでしょ！

とてつもない企画が、提案に上がってきた。神奈川県内の子供たちに、無償でベイスターズの野球帽をプレゼントするというのだ。

確かに5周年の企画として相応しい。野田はそう感じた。教育委員会の許可が必要になるとはいえ、十分にクリアになる案件だという確信があった。

「野球振興の仕事をやっていると、外で遊ぶ子供たちが少なくなっている、運動能力が低下しているという問題意識が行政のほうにもあると聞いていました。ベイスターズを応援してください、ということでは認められません。キャップがあれば、外で遊ぶ機会が増えるかもしれないし、そうなれば運動能力の低下に歯止めが掛けられるかもしれない。横浜市、神奈川県に相談してみると、どうぞやってください、という声が想像以上に多かったんです」

実は東北楽天ゴールデンイーグルスが2014年春のタイミングで東北6県の新小学1年生を対象に野球帽のプレゼントを実施していた。数にして7万人。イーグルスの取り組みもかなりの評判を得ていたが、同じスケールでは単なる二番煎じになってしまう。

せっかくやるなら大きなスケールで。

897の小学校、683の幼稚園、保育園、特別支援学校……約72万人の子供たちを対象にした。帽子だけではない。簡単な野球のルール説明とベイスターズの選手たちの顔写真がついた冊子と、2016年シーズンの公式戦スケジュールを一式にして贈ることにした。

前代未聞の大規模プレゼント。社内にも「本当にやれるのか？」と心配する声が上がるのは無理もない。ただ4年で積み上げてきた地域貢献、野球振興は、行政や町の人たちが応援してくれるまでになった。

デザインはシンプルイズベスト。「B」のベイスターズロゴの入ったもので、ツバにさりげなく「5th ANNIVERSARY」の文字を記したくらい。保護者に「かぶらせてもいいじゃん」と思ってもらえるよう、あまり冒険しないほうがいいし、子供が抵抗感を持ってもいけない。家の押し入れに眠ってしまっては意味がない。さりげなくかぶってもらうようにしなければならない。このビミョーな線を、うまくつけた自負はあった。

費用はすべて球団側の負担。5年先、いや10年先、20年先の先行投資と考えれば、決して高いこともない。

2015年12月1日、「5周年企画第一弾」として大々的に発表する。三浦大輔、山﨑康晃、後藤武敏が横浜市内の小学校を訪問してキャップを手渡しして子供たちと交流を図るイベントも開催した。

反響は凄まじかった。

順番に配っていたため「ウチの子供の小学校にはいつ届くのか?」などと問い合わせも多かった。街には、ベイスターズキャップをかぶる子供たちであふれた。野田はその光景を見るたびに「やってよかった」と心から思えた。横浜スタジアムでも帽子をかぶって応援に駆けつける子供が目立つようになった。

横浜スタジアムの主催ナイター開催日の早朝(7時~8時半)にグラウンドを無償開放してキャッチボールの場を提供する「DREAM GATE CATCHBALL」も好評を博した。街に溶け込んでいる感触を得ることができた。

専門外のところで頑張ってきたからこそ、報われた気がしていた。

野田は総合商社、コンサルタント会社、飲食企業を経てベイスターズに入社してきた転職組。チームを管理するチーム統括部長という、まったく想定していなかったところで働くことになった。

ここではチーム関連で必要以上に多く掛かってしまっている経費を見直していく役割を担った。当然ながらチーム側の反発を食らいながらも実行していかなければならないツライ業務である。

「チームのみなさんからすれば嫌なヤツに見えたと思います。チームがどんなお金の使い方をしているのかよく見えないところもあったので、つまり、会社からちゃんと把握してこい、と。当然、削減するところは削減する。食事から遠征先のホテルまですべて見直しました。みなさんに理解してもらいながら、適正化していくという仕事でした」

野球もよく知らないクセに。

そんな陰口も叩かれた。プロ野球経験者ではないこともよそ者扱いに拍車を掛けた。少年野球止まりの人がチームを仕切るという難しさに直面した。

「最初のころはみなさん警戒心が強いなって思いました。解きほぐすには、コミュニケーションしかない。腹落ちしてもらうまで、徹底的に。一定の時間は掛かりましたけど、最終的には言えば分かってくれました」

新体制初年度の２０１２年には失敗もあった。

チーム統括は契約更改にも携わる。支配下から育成に切り替えて再契約する際は、自由契約を経るプロセスがなければならない。ルーキー2人に対してそのプロセスが抜け落ちたまま契約を締結しようとして、後になってミスに気づくという出来事があった。移行時の難しさに直面しながらも、彼は逃げることなく業務にぶつかっていった。

野田が取り組んだ試みに「禁煙」がある。

プロ野球界は愛煙家が少なくないとも言われてきたが、一般社会では禁煙化が進んできている。コンディション、選手寿命を考えてもタバコのデメリットが多いのではないかと感じていた。野田は禁煙外来の医師を招き、選手の前でケガのリスクなどを説明してもらった。禁煙に取り組む選手には、チームがその費用を持つことにした。これによって禁煙に踏み切る選手もいた。

もちろん異議を唱える人もいる。

「タバコがルーティンの一つになっている。もし禁煙して結果が出なくなったら、あなた責任を取ってくれるんですか？」と。

強要はしない。しかし一方で無視はできない。

理詰めで根気強く説明し、あとはプロである個々に判断を委ねた。ただ、その年の新人選手から禁煙を義務づけていくことでチームの合意を得られた。野田の執念でもあった。

チーム統括から野球振興へ。大変なことを経験してきたからこそ、キャップを約72万人に配るという大変な作業をやり遂げられたのかもしれない。用意したキャップをすべて子供たちに届けることができた。

野田にはうれしい反応が相次いだ。

キャップをきっかけに、野球に興味のなかった子がベイスターズの試合に行きたいと言い始めたと耳にした。

そのことを心に反芻すると、表現できないほどの喜びがこみ上げてきた。

3　望月眞人（現在は株式会社横浜スタジアム営業統括部営業推進課課長兼販売課課長）

ハマの街に溶け込むスタジアムがある。

関内駅から歩いてすぐ。山下公園にも、赤レンガ倉庫にも、中華街にも近く、隣には横浜市役所（現在は移転）が建つ。横浜公園のなかに威厳を持ってたたずむ姿は、歴史を感じさせる。

横浜スタジアムが誕生したのは１９７８年。川崎球場を拠点にしていた大洋ホエールズは新スタジアム建設を機に、移転を決めて「横浜大洋ホエールズ」に。メジャーリーグのように都市名を冠したチームとなった。

横浜公園と野球。

その関係性はもっと前にさかのぼる。関東大震災の復興事業として横浜公園野球場が建設され、１９３４年にはベーブ・ルース、ルー・ゲーリックらメジャーリーグ選抜チームがやってきて試合を行なっている。その場所に、新しいスタジアムが建てられたのだ。球場内には２人のレリーフが設置されている。
スタンドの下辺が狭い逆円錐形のスタジアム。スペース上の関係からブルペンは外野スタンドの下に用意されるなど、広いとは言えない敷地面積を有効活用していた。横浜をイメージするレンガも積まれ、街が香る場所に。多目的スタジアムとしてコンサートやイベントでも用いられ、新名所となっていく。

ＤｅＮＡ体制になって4年。２０１５年11月、球団は株式会社横浜スタジアムのＴＯＢ（株式公開買い付け）を実施すると発表した。スタジアムは安定的に黒字を出してきた。逆に赤字体質の球団はこれまでの放映権料頼みの経営から脱却を図るべく、スタジアムに人を呼ぶ戦略を第一としてきた。

球団は黒字化に向けて努力を続けてきた。締めるところは徹底的に締め、株式取得当時30億円だった赤字は3億円にまで減った。黒字に転換していくには、改革していくには、スタジアムのポテンシャルを活かした施策こそが必要だった。球団、球場の一体経営は、ＮＰＢ全体の流れでもある。ベイスターズとしても黒字化を達成するには、このビッグプランを是が非でも成し遂げなければならなかった。

土地は国、施設は横浜市が所有し、民間企業の株式会社横浜スタジアムが運営していた。ＤｅＮＡが親会社になって以降、スタジアム使用料の値下げに成功してスペシャルイベントの協力など友好的な関係を続けてきた。とはいえ、別会社ゆえにスタジアム広告や飲食店など球団にはタッチできない領域があり、改修や来場者サービスにおいても球場側を納得させることから始めなくてはならない事情もあった。

「一体」とならなければ発展はない。経営を安定させることでチームを強くしていくという考えを、横浜スタジアム側にも納得してもらったうえでの友好的ＴＯＢであった。

個人株主が多いため、一人ひとりに電話し、自宅訪問で理解を求め、合同説明会も4度開催している。理解を得られた株主から発行済み株式の7割超の応募があり、２０１６年1月20日の終了までに71・12％の株式を取得。持ち株比率76・87％となって株式取得に成功した。その価格は74億円にのぼった。

この決定に、大きなショックを受けた男がいた。

株式会社横浜スタジアムで営業を担当する望月眞人はあまりの衝撃に、昼休みに入ると横浜港の大さん橋まで歩いていた。大型船を何気なく見ている自分。でも心にその光景は一切、入ってこなかった。

「もちろん球団と球場の経営一体化の構想は知っていました。ただ一緒に広告を売ってレヴェニューシェア（利益配分）も始まっていましたから、こういう関係性で行くものとばかり思っていたんです。一緒に行動はしても、一緒になるとまでは想像していませんでした。まさに青天の霹靂。球団に飲み込まれちゃったら自分たち、どうなるんだろうって不安で仕方なくて。それで気づいたら港のほうまで足を延ばしていました」

シーズン前、シーズン中は忙しい仕事だが、シーズン後はひと息つける時期。そんなリラックスムードも一気に吹き飛んでしまったわけだ。


埼玉生まれだが、大学も下宿も横浜で居心地の良さを感じていた。横浜スタジアムの歴史をつづった単行本『横浜スタジアム物語』をたまたま読み、大学の部活の先輩が働いていたこともあって、1度会社に電話してみたら「採用活動していますよ」と感じも良かった。新聞販売店からタダ券をもらってベイスターズの試合を観たことはあったが、熱心な野球ファンというわけでもない。希望としては「転勤のないところに就職したい」。ほかに行きたいところもなかったため就職試験を受けて内定をもらったら、迷わずに入社したという流れであった。


1998年に入社し、総務部に配属された。日本一になるシーズンは、チケットの電話対応だけでほぼ仕事が終わったという。

「夏からは一日中、電話がひっきりなしに掛かってくるんです。チケットは余っていませんか、この日の試合のチケットはいつ発売ですか、とか。もちろん試合に関する苦情みたいなものもありますよ。あれはストライクだぞ、とか、審判を出せよコノヤローとか、電話でお客さまと話をしていたら陽が暮れるって感じでしたね」

総務部はスタジアム内の医務室も担当していた。体調が悪くなった人、ファウルボールに当たってしまった人などに応対していた。

続いてチケットの業務を任されるようになる。

前売りで余ったチケットを当日券としてさばく。対戦カード、曜日、天気でどれほど売れるかが変わってくるのだが、売り切れることはほぼない。電子チケットなどない時代。台紙に刷る作業も、チケットを残してしまったら無駄な経費になってしまう。売れ行きを予想して、台紙を用意しなければならなかった。


球場と球団は持ちつ持たれつの関係性。

横浜スタジアムの名物社長・鶴岡博が出すアイデアは、望月にとっても勉強になった。ＭＬＢの視察から帰ってきた社長は「ファウルボールをプレゼントしたい」と言い出した。それによってファウルボールでも観客は気をつけて見るようになるという発想だった。球場のほうから球団に持ち掛けて、費用を折半ということで実現させる。

行動のスピードも速く、球団を振り向かせるのもうまい。屋外球場で禁煙にしたのも国内で初めて。内野の最前列のネットを切ったのも、安全管理対策を整えたうえで他球団に先駆けて実施している。屋外ナイター照明設備をＬＥＤ化したのも日本ナイター発祥の横浜スタジアムが真っ先に取り組んでいる。球場が主体性を持って動くという鶴岡のマインドに、望月も感化されていく。ちなみにＤｅＮＡ体制になってからも２０１２年に帯状映像装置「リボンビジョン」を設置している。

ハマスタ名物の高い外野のラバーフェンス。ここの広告を担当する業務を担うようになってから、望月は地域に根差している会社なのだとあらためて深く感じることになる。

フェンスにシールで企業名を貼るのが一般的だが、横浜スタジアムはホワイトのペンキで塗装をする。シーズンが終わったらまた塗り直しをするという手の込みようだ。キャンプでチームがスタジアムを離れる期間に一気に済ませていく。

「シールを剥がすと汚れてしまうことが、ままあります。夏は熱くて、秋から冬に掛けて寒くなっていくとシールが伸び縮みしてプチっと切れてしまうパターンもある。1回剥がれてしまうと、やり直さなきゃいけない。でも塗装だとそれがない。メンテナンスを考えても、年に1回、いつも頼んでいる職人さんにお願いするほうが安心できるんです」

フェンス広告の営業は、「空気を売っているようなもの」と望月は表現する。企業は売り上げに直結する効果を期待するというより、むしろ地域貢献として掲出するところもあるそうだ。

開業した1978年からフェンス広告を出してくれている地元の企業がある。望月はその企業の担当者から「横浜で一番のスポーツ施設に名前を出すことが、横浜の企業として最も意味のあることなんだ」と言われた感激を胸にしまっている。

横浜スタジアムがここにある意味。

ベイスターズのみならず、高校野球の会場など地域の文化施設として認めてもらっているのだといつも心に言い聞かせてきたつもりだ。

スタジアムのいい文化が、球団に飲み込まれたことでどうなってしまうのか。

球団の子会社となると、方針も違う。レヴェニューで歩調を合わせてやってきたとはいえ、決定権を持っていたプロパーの役員も次々にいなくなった。今までと違うやり方となったため、移行期には両者の関係もギクシャクすることも少なくなかった。

球場経営は黒字でやってきた。商売はうまくやっているほうなのに、球団のスピードで「あれもやりたい」「これもやりたい」と要望がいっぱい出てくると、望月も困惑を隠せなかった。


しかしながら不安は次第にやわらいでいく。

スタジアムのやり方も「継承と革新」が反映され、変えるべきでないと主張したところは尊重してくれた。望月はフェンス広告など、昔からのつきあいの企業もある。スタジアム側営業部の年長者として一つひとつの背景を丁寧に説明することで、球団には理解してもらった。従来のやり方がいいと判断されれば、尊重された。

「突拍子もないアイデアをいただくこともありました。でもスタジアムで今までやってきたことはこうですからと言うと、納得してもらえることも多いと感じましたね。お互いにフラットに意見を言い合えるっていうところでは一体経営になって良かったのかもしれません」

ただ、営業の手法は変わった。「ベイスターズを応援してくださいませんか」が前提として入るようになった。地域の文化施設として自認はしているものの、球団と一心同体でなければならない。ベイスターズに対する思い入れは、同じ温度が求められる。でもそれは同じ船に乗るなら、当然だと思えた。

スタジアムのために、から、ベイスターズとスタジアムのために、に。

前を向いてやっていくしかない。望月はグッと歯を食いしばった。

4 オリジナル醸造ビールの誕生

野田尚志はベロベロに酔っぱらっていた。

仕事上のつきあいでたまたま？　それともプライベートで飲み過ぎた？　いやいや違います。ビールをしこたま飲まなければならない理由があったのだ。


球団球場一体化がスタートした2016年シーズン。元来、スタジアムの飲食はフェンスなどスタジアム内の広告と並び、横浜スタジアムの重要な収入源であった。つまり球団がタッチできない領域。しかしそれが一体化によって球団が主導できる形になったため、飲食改革第一弾として球界初のオリジナル醸造ビールの販売に着手していた。MD（マーチャンダイジング）部部長になった野田が、その責任者となっていた。連日の試飲が続いていた。

実は2年前から準備は始まっていた。池田純社長がクラフトビールの聖地とも言われるアメリカ・ポートランドに視察し、ドイツにも足を運んでいた。オリジナルビールを模索する一方で既存の大手ビール会社をないがしろにしてしまえば「継承と革新」にはならない。これまでのお付き合いを大事にしつつ、新しいものを来場客に提供したいと考えていた。

シーズン開幕に何とか間に合わせた。

その名も「BAYSTARS ALE」。上面発酵製法を用い、15℃から20℃で発酵させるエールビールで、フルーティーな味が特徴だ。アルコール度数を抑え、柑橘系の香りの希少ホップを加えることで女性も楽しめる味にしている。

チェコ最大のビール審査会で金賞を受賞した地元・関内のクラフトビールブランド「横浜ベイブルーイング」に依頼。飲食企業への勤務経験もある野田は試飲して味を確認しては、微調整の相談を繰り返してきた。

「最初はもの珍しいからといって一杯は飲んでくれると思うんです。でもリピートしてもらわないと意味がないし、美味しくなければ名物にもならない。BAYSTARS ALEは香りの高い、凄く希少なホップを使って、とことんこだわりましたよ」

スタジアム直営売店で販売を開始すると、クラフトビールブームにも乗っ掛って飛ぶように売れていく。狭いスタジアム内にビール樽の冷蔵保管という問題も、一体経営となったことでクリアできた。

5月にはオリジナル醸造ビール第2弾となる「BAYSTARS LAGER」を誕生させている。下面発酵製法で、10℃前後での発酵でスッキリとした味わいが特徴。こちらは創業180年の歴史を誇る茨城の「木内酒造」にお願いした。「BAYSTARS ALE」とは違う味を提供したかった。

野球を愛する人はどんなビールが好きか、どんなビールを望んでいるのか。「BAYSTARS ALE」を開発する際には、職員のみならず、選手、コーチ、チーム関係者にアンケートを取っている。うまいかどうかだけじゃない。野球に合うかどうかも大事だった。心地よい風が吹くスタジアムに合うビール。マーケティングをしたうえで誕生したALEとLAGERは「当たる」という確信が、野田のなかにはあった。

アクティブサラリーマンはきっとこう考える。

ビールに合うグルメが欲しい、と。妻や子供たちが喜んでくれるようなグルメが欲しい、と。

横浜スタジアムと言えば名物の「みかん氷」。それではビールに合わないし、そもそも温かく食べられるグルメ自体がない。スタンドのにぎやかな会話は、にぎやかな飲食から始まるもの。これでは『コミュニティボールパーク』化構想と言っても、グルメでの後押しが弱すぎる。

野田たち飲食を担当するプロジェクトチームは早速、オリジナルフードを検討していくことになる。これも開幕までに間に合わさなければならない。

「スタジアム直営売店で売っていたのはお弁当だけ。時間が経つと、冷たくなっちゃうじゃないですか。やっぱりつくりたてのグルメを食べてもらいたいっていう思いが、我々のなかにはずっとありました。手軽に提供できるもので、大人にも子供にも喜んでもらえるものでなければなりませんでした」

第一弾で発表したのが、「BAYSTARS DOG」と「青星寮カレー」。

「BAYSTARS DOG」は保存料、着色料を一切使っていないオリジナルあらびきポークソーセージを使い、ハラペーニョ（青唐辛子）をふんだんに使った一品。また「青星寮カレー」とは若手選手の寮で食べることのできるベイスターズ伝統のカレーだ。カレーのスパイスには食欲増進や疲労回復、胃腸の調子を整える効果がある。実は野田がチーム統括部に所属していたときに食し、寮のカレーのファンになった。これ商品化したらいいのにと、ひそかに思ってきた。

「青星寮のカレーは、僕が大好きだったんです（笑）。大人も子供も手軽に食べられるし、選手が食べているのと同じグルメってそれだけで喜んでくれたりするじゃないですか。この前年（２０１５年）の９月に『Ｂ食祭』というイベントを、球場外の芝生エリア（ハマスタＢＡＹビアガーデン）でやって、青星寮カレーを出店したんです。ちょこっとだけ販売したんですけど、すこぶる評判が良くて。オリジナルフードの話になったときに、カレーなら間違いないよねって、みんなで話をしました」

ビールに合うものが欲しいというのもあって、４月からは鶏の唐揚げ「ベイカラ」がラインアップに加わる。

ミシュランガイドで星を連続して獲得する東京・西麻布の日本料理「La BOMBANCE」のオーナーシェフに監修を依頼。２度揚げ製法で外はカリッと、中はジュワッと。パルメジャーノチーズを絡めてアツアツで食べる。これも大ヒットとなった。

目でも楽しんでほしい、スタジアムに来場した記念にしてほしい。

オリジナルビールもオリジナルフードも、パッケージのみならず、テーブルナプキンにも商品のロゴを入れることを忘れない。ベイスターズのビールはうまい、フードは美味しい。そんな口コミが広がっていく。

「ここでしか食べられないものってあるじゃないですか。ディズニーランドだってそうです。アトラクションに乗ったり、ショーを観たりするだけじゃない。ディズニーでしか食べられないものをお客さまは楽しみにしている。ベイスターズとしても、スタジアムに行かないと食べられないもの、飲めないものを提供する。飲食も野球を楽しむ要素ですから」

次の仕掛けとしては、イメージ戦略である。

プロ野球の広告は普通、試合のPRをするものだが、真夏のビールがおいしい時期に合わせて戦略を変えてきた。関内駅や市内のバス停に野心的な広告を出したのだ。

「スタジアムで飲むビールはうまい」「ベイスターズ、クラフトビールはじめました」「ベイスターズのクラフトビール　ハマスタだけで味わえる」などなど。

何が野心的かって、試合の告知は一切なし。野球を観に来て！　ではなく、ビールを飲みに来て！　という作戦。これがハマったのだ。

1人当たりの消費杯数が1・3倍に増えた。オリジナルビールだけじゃなく、既存の大手メーカーのビールも相乗効果で伸びたというから面白い。

２０１６年シーズンのビール売り上げは飛躍的に伸びた。飲食を担当するＭＤ部としてグラス、コースターなどビール関連グッズも展開している。こうやって次々に紐づけていくのがベイスターズらしい。


野田には、実現したい風景があった。

２０１５年シーズンが終わったオフ、ドイツでビール工場視察とともに、サッカーのドイツ・ブンデスリーガの試合を観戦した。日本代表の香川真司が所属するボルシア・ドルトムントのホーム、ジグナル・イドゥナ・パルク（ヴェストファーレンシュタディオン）の雰囲気に圧倒された。サポーターたちの声、威圧感、醸し出すムード。クラブカラーであるイエローに覆われたスタジアムは、圧巻の一言に尽きた。

「本当に、黄色の壁でした。それを見て、僕は鳥肌が立ったくらいです。ベイスターズで実現したい。青で染めたいって思うようになりました」

Ｔシャツもキャップもコートも、グッズはブルーが基本。母の日に発売するプリザーブドフラワーだってブルーローズ一輪。「横浜ブルー」強化には、野田の思いもこめられていた。

２０１６年シーズン、アレックス・ラミレス監督を迎えた１年目、球団初となるクライマックスシリーズ進出が現実味を帯びていた。

主砲の筒香嘉智が引っ張り、リードオフマン桑原将志の闘志がチームを奮い立たせ、戸柱恭孝はルーキーながら正捕手として踏ん張り、今永昇太、石田健大という若いサウスポーの力もあって奮闘を続けた。

DeNA体制になってからも6位（2012年）、5位（2013年）、5位（2014年）、6位（2015年）と成績は振るわなかったものの、前半戦を3位でターン。8月、阪神タイガースに3連敗を喫してズルズルと落ちていくのかと思いきや、ホームで読売ジャイアンツを3タテして踏みとどまった。

チームの勢いも手伝って、横浜スタジアムは空席を探すのが大変なほど。球団史上最多の動員数を超えるのはもはや時間の問題だった。

オリジナルビールはあまりの反響から、球場内の売り子による販売も展開していくようになる。野田はスタジアムでスタンドの様子をのぞくことが多くなった。

ドルトムントのような黄色い壁は近いようでまだ遠い。

だがオリジナルビールとオリジナルフードは、どこに目を向けても楽しんでくれていた。自分たちの活動に、応えてくれる多くのファン。青に染まるスタンドになるのは、そう遠くないと感じていた。

第6プロジェクト

「強いチームをつくれ」

1　初のクライマックスシリーズと三浦大輔引退

２０１６年９月19日、横浜スタジアムは異様な盛り上がりを見せていた。

はしゃぐのも無理はない。万年Ｂクラスだったベイスターズは DeNA 体制に生まれ変わって、初めてのクライマックスシリーズ出場まであと「１」と迫っていたからだ。

25年ぶりのセ・リーグ優勝を決めていた広島東洋カープとの２連戦。前日は６回に２ランを放っていたホセ・ロペスの10回サヨナラ３ランで劇的な勝利を手にしてチームのムードも最高潮だった。

前日から続いているような押せ押せムード。１回裏にはまたしてもロペスの２ランが飛び出し、先発の今永昇太は７回二死まで１失点と好投。須田幸太がバトンを受けて、最後は山﨑康晃が登場する。

雨のなか、ヤスアキジャンプがスタンドを揺らす。

代打の松山竜平をショートゴロに打ち取った瞬間、３位が確定。人々は抱き合い、立ち上がり、拳を突き上る。スタンドの揺れがマックスになる。

♬お～おーおーおお、ＤｅＮＡベイスターズ。

大勢の歓喜が絡み合って雨天に響く。

アレックス・ラミレス監督はＤＢ・スターマンとハイタッチ、整列してファンに一礼する。スクリーンには「これから本当の戦いが始まる」の文字が浮かび上がった。

スタジアムの揺れがまだ収まらない。

挨拶を終えたベテラン三浦大輔は、後輩である筒香嘉智の肩に手を掛けて耳元で小さく告げた。

「俺、引退するから」

大先輩を慕っていた後輩の顔は、驚きを隠し切れていない。それほどの衝撃だった。

プロ25年の42歳、ハマの番長、引退——。球団初となるクライマックスシリーズを決めた後、三浦はロッカーで選手たち全員に伝えた。

「やめないでください！」「えっ、嘘。本当ですか？」

こみ上げてくる感情を押し殺しながら、番長は感謝の言葉を何度も伝えた。歓喜と、感傷と。

だがそれはチームを奮い立たせることになる。一日でも長く、三浦さんと一緒に野球を。クライマックスシリーズでの下剋上を誓い合う場となった。


番長の引退を選手より数日前に知っていた男たちがいた。

その一人が広報部の河村康博だった。なぜなら社命によりミッションを課せられていたからだ。

試合空き日となる引退会見を９月20日に設定することは決まっていた。

横浜市内のホテルの広間を予約した際に、当然ながら、使用目的を聞かれることになる。

「すみません、ちょっと言えないんです」

ホテル側もそれ以上、詮索することはしなかった。ただ、何か重大なことがあるとはピンと来たようだ。「ご協力できることは何でも言ってください」と伝えられた。

このシーズンを最後に、先頭に立って球団を引っ張ってきた池田純社長が退任することも決まっていた。最後の仕事の一つが、三浦をしっかりと送り出すことでもあった。


会見の日も、雨が続いていた。横浜の街が泣いているように河村は感じた。

番長はビシッとリーゼントを決めていた。

「私、三浦大輔は今シーズン限りで引退します。25年間、横浜の街に育てられ、たくさんの方に応援していただき、ここまでやってくることができました。うれしかったこと、苦しかったこと、いろいろとありましたけど、いつもみなさんに支えられて一歩ずつ進んでいくことができました」

三浦が伝える感謝。だがファンも、球団も、街もそれは同じ。三浦に感謝を伝えなければならない。それは三浦を取り巻く誰もが感じていたことだった。


この翌日、サプライズが起きた。

街に三浦大輔があふれたのだ。奇跡の光景だった。

横浜スタジアムの最寄りであるJR関内駅は改札に、三浦の名前と「18番」が入ったユニフォームの大きな装飾を施した。写真もバンバン掲出されてある。装飾は日本大通り駅にも、そして横浜スタジアムにも。横浜市役所前の広場や道路には「18」のフラッグが飾られた。ベイスターズ仕様のものを、一夜にして三浦仕様に切り替えたのだ。

少数の人間で動かしていた「プロジェクト番長引退」。数日で一気に動かしていって、引退会見翌日に間に合わせた。豊臣秀吉の墨俣一夜城に負けないほどの鮮やかさである。

河村は言う。

「フラッグも装飾も全部、三浦さんのものに変えるってメチャクチャ大変です。社外はもちろん社内にもシークレットなのですが、業者さんに発注していくわけですから情報が漏れたっておかしくない。でも漏れなかった。なぜかって考えると、これに関わったすべての人が三浦さんを気持ち良く送り出したいっていう意志があったからではないでしょうか」

三浦への愛と感謝が、あふれ出ていた。


引退試合はクライマックスシリーズ前の22日、東京ヤクルトスワローズ戦に決まった。

だがこの日も、あいにくの雨。レギュラーシーズン最終戦になる29日に変更になった。チケットの切り替えに3000人の行列ができるほどの反響だった。

そんなときに横浜スタジアムの場内アナウンスが流れた。

「えー、このたびは雨男、三浦大輔のせいで本拠地最終戦が29日に順延になってしまい、みなさまには多大なるご迷惑をお掛けしてしまい、大変申し訳ございません」

この文面、三浦自身が考えたという。三浦にアナウンスをお願いしたのが河村であった。

「チケットの引き換えは雨のなか長時間並んでもらうことになり、一言、アナウンスしてもらえないですかと頼んだら、すぐ引き受けてくれまして。ファンの方もこれにはびっくりだったみたいで、〝番長にすみませんって言われたら仕方ない〟って。三浦さんは、いつもファンのことを考えているし、我々、職員のことも考えてくれています。だからあれだけ愛されるんだなって感じます」

引退試合の前にはみなとみらい駅構内で三浦の特別写真展を開催。三浦もわざわざ訪れて自分の写真にサインを入れている。最終日は入場規制で1時間待ち。三浦も驚くほどの反響であった。

三浦と一日でも長く野球を。

ラミレスベイスターズは10月、読売ジャイアンツとのファーストステージを2勝1敗で勝ち抜いた。ファンに挨拶する際に三浦が出てくると、大いに盛り上がった。

記念すべき球団初のクライマックスシリーズはビジター開催になるため、ライブビューイングを実施することにした。ファーストステージのジャイアンツ戦は横浜公園内での「ハマスタBAYビアガーデン」において、そしてファイナルステージの広島東洋カープ戦は横浜スタジアム、次に横須賀市・長浦にある総合練習場「ベイスターズ球場」で行ない、予想以上に人が集まった。

奮闘したものの、カープには1勝しかできず、長いシーズンを終えた。

池田社長は、カープの松田元オーナーから三浦の引退に関する一連の球団の取り組みを絶賛されたという。その話を聞いたとき、河村の胸も熱くなった。

池田が去り、グラウンドでは三浦が去った。

ベイスターズは今まさに転換期を迎えようとしていた――。

2　チームにも人材開発を

2年続けて3位でのクライマックスシリーズ進出は意外でも何でもない。

前年はレギュラーシーズンを69勝71敗3分けと負け越したが、この2017年シーズンは73勝65敗5分けとDeNA体制になって初めて勝ち越すことができた。

クライマックスシリーズはファーストステージで阪神タイガース相手に初戦を落としたものの、雨でグラウンドがぬかるんだ第2戦で大勝して流れをつかみ、第3戦にも勝って2年連続で広島東洋カープとのファイナルの舞台に進んだ。

前年と同カード。初戦を落としながらも、一気に4連勝を飾っての日本シリーズ進出であった。ファイナルステージを制した第5戦はアレックス・ラミレス監督の采配がズバズバと当たった。先発の石田健大を初回であきらめて三嶋一輝、濵口遥大、三上朋也、エドウィン・エスコバー、スペンサー・パットンと小刻みにつないでそして山﨑康晃で締めくくった。宮﨑敏郎、桑原将志、筒香嘉智、梶谷隆幸にホームランが飛び出し、まさに投打がかみ合っての栄冠であった。

チームはセレモニーや取材対応の後で広島市内のホテルに移動して、お待ちかねのビール掛けが待っていた。

記念Tシャツを着込んだ選手たちを南場智子オーナー、岡村信悟社長が出迎え、ラミレス監督が挨拶に立つ。

「OUR TIME IS N.O.W（すべてをこのときのために）をみんなで言おう」

スローガンを唱和すると筒香キャプテンの挨拶の前に、待ちきれない男たちがフライング。いやいや、ダメダメでしょ。筒香の号令を合図に、ビール瓶を手に戦闘開始となった。

ビールまみれになる男がいた。チーム統括本部のチーム統括部部長を務める萩原龍大は、選手たちからうれしそうにビールを掛けられていた。野球人のなかに飛び込んで、旧態依然の組織を動かしてきた人にとって至福のひとときであった。

「今でもあのビール掛けは、最高の思い出ですよ。純粋に楽しかった。プロ野球選手でもない限り、人生のなかであんな機会ないわけですから。普段は選手もコーチに遠慮してますけど、あの場は、もう立場なんてみんなないわけじゃないですか。みんなビールまみれになって、いい顔していましたね。達成感はありました」

平均年俸は12球団で最下位。それでもセ・リーグ代表として日本シリーズまで進めたことを萩原は誇りに感じていた。

萩原はＤｅＮＡがベイスターズの株式を所得してすぐに本社からの指令によって球団に入り、職員が働きやすくなるように環境を整備してきた人事、組織運営のプロ。２０１４年シーズンからはチームに入って組織を変えてほしいという指令が下った。

プロ野球界は、何よりも経験がモノを言う。プロ野球出身じゃなければ相手にされない。ＩＴ企業でバリバリ仕事をしてきた人だと言っても、それで通用する世界ではない。

２０１４年当時の萩原の肩書きはファーム・育成部長。沖縄・宜野湾キャンプに顔を出したところで相手にされなかった。

「キャンプでも半月くらいは誰も僕に話掛けてこなかったと思いますよ。仕方ないとは思います。あの人、誰っていう感じでしたから。だったら、〝あの人がいると助かるな〟って思ってもらわないといけない。２０１２年の最初は時間もなかったことで凄いスピードでやっていきましたけど、ここではじっくりとやっていければいいかなと考えました」

組織を把握したうえで自分から輪のなかに飛び込んでいく。スタッフが働きやすいようにと動くわけだから、周りの見方も段々と変わってくる。萩原が感じていたのは、立場や年齢で下の人が上の人になかなか言えないザ・体育会系の世界。ここをぶっ壊さずして改革などあり得なかった。

萩原は人材開発をチームに持ち込んでいく。

チームビルディング研修という名のもとに、コーチやスタッフを集めてランダムにグループ分けして縦割り社会の風習を壊し、横でつながって信頼関係を築くところからスタートさせた。キーワードは「見える化」ではなく、「言える化」。ファームから実験的に始め、誰もが意見を出せる取り組みは評価を得るようになる。

意見が集まればディスカッションになり、多角的に物ごとを捉えられるようになる。企業の最先端のやり方を、萩原は徐々に植えつけていく。一軍でも採用されるようになり、「言える化」は進んでいく。

「人材開発というのは、時間が掛かるもの。組織が構造的に強くなるというのはやはり5年くらい見なきゃいけない」

ただ「革新」に走る一方で、「伝統」は守らなければならない。選手やスタッフの査定は、昔からあるものをブラッシュアップする形にとどめている。

早急に進めていかなければならない案件があった。それが新体制の立ち上げ時にも取り組んだIT周りの整備であった。既に始まってはいたものの、地域貢献室兼社長室室長だった壁谷周介が「チーム企画室」室長となって一人で担っていた。IT化促進を掲げる萩原のパートナーとして壁谷は欠かせない存在となっていく。

3 壁谷周介（現在はチーム統括本部チーム戦略部部長）

壁谷周介は華々しい経歴を誇る。

一橋大学卒業後にソニー、ボストン・コンサルティング・グループを経て2012年に「まさにビビッときて」横浜DeNAベイスターズに入社。高校ではラグビーを経験しているスポーツマンだが、野球については「草野球程度」であった。だがスポーツビジネスに惹かれるものがあり、迷うことなく異業種に飛び込んだ。

野球振興や社長案件を手掛ける「地域貢献室兼社長室室長」の仕事だけでも忙しいのに、仕事を始めて3カ月ほどで池田純社長から「チームのIT周りを何とかしてくれ」と頼まれ、チーム企画室室長まで肩書きに加わった。だがメンバーは誰もいない。要は、一人で頑張ってくれということだった。

横浜スタジアムにはビデオルームがある。

トントン。

ビデオルームの担当者に「何か困っていることがあったら言ってください」と伝えてみる。でも「うーん、特に困ったことはないですね」とつれない返答。警戒心は多少なりとも感じたが、何も敬遠されているわけではなかった。試合や練習の映像をここで編集しているのだが、改善の余地はたくさんあった。とはいえ、頭ごなしにやろうとしたら〝野球を知らないヤツが土足で踏み込んできた〟と反発されるだけ。便利になれば、受け入れてもらいやすくなる。まずは担当者の仕事がやりやすくなることを考えた。

2012年シーズンのオフに入るとシステム化、データ化を進めてPC上で簡単に検索して映像を見られるようにした。これだといちいちDVDに焼いてコーチや選手に渡さないで済むし、簡単にアクセスできるため情報の共有化も図れる。スローモーション機能や2画面での比較機能などを盛り込むと、「凄い助かる」と壁谷の評判が広がっていく。

編成面において毎年、勝負となるのが「ドラフト会議」だ。高田繁GMの方針は、いい選手を獲得してしっかりと育て上げること。膨大なアマチュア選手の映像をクラウドシステムにアップロードすることができるようになると、出社して映像を球団事務所にあるHDDレコーダーにダビングする必要がなくなった。高田がスカウト会議を待たずにいつでもどこでもアマチュア選手の映像を見て、必要に応じてスカウトに質問できるようになった。

敵ではなく、貴方たちの味方。

組織のなかに溶け込んでいく第一段階は成功した。本格的なIT改革に入る下地をつくったところで、萩原が壁谷の上司として入ってきた。

「どんどん好きなようにやってもらって構わない。むしろもっと提案してくれ」

萩原から背中を押された壁谷は2015年、横浜スタジアムに「トラックマン」(高性能弾道測定器)を導入することを進言。MLBの常識を、いち早く取り入れようとしたのだ。

トラックマンは迎撃ミサイルの軍事技術を転用したシステム。レーダーでボールを追尾することができる。これにより打者なら打球の角度、速度、投手ならボールの回転数、ボールの変化、リリースの位置など様々な情報をデータとして得ることができる。

壁谷は2015、2016年でファーム育成部長となり、若手の育成とITを掛け合わせていけるように尽力する。ここでもメジャーの常識を取り入れていく。

「取り組んだのは育成の〝見える化〟です。選手それぞれのカルテもつくりました。高田GMをはじめコーチ、育成スタッフ、アスレチックトレーナー等、いろんな人が入る会議で選手の課題などを話しました。いかにいい議論の場にするか、腐心しましたね」

壁谷が存在感を増していくなかで、次に「チーム戦略部」を結成。ビデオルームの担当者やOB選手を取り込んで、ITの有効活用に本腰を入れるようになる。トラックマンの膨大なデータを処理できる専門家が壁谷の希望によってチーム戦略部の一員になったことも大きかった。

「トラックマンのデータを選手たちにもっとフィードバックしていくことを、2016年のオフから始めました。我々とのコミュニケーションを増やしていくなかで、シーズンに入っても、たとえば一軍のピッチャーに対して登板ごとにトラックマンのデータを渡して〝今、こうなっているよ〟と伝えて、次の登板に活かしてもらう。ピッチャーも逆に〝僕のここどうなっていますか？〟と聞いてくることも多くなりました。そういう繰り返し。投手コーチにも同じように情報を伝えていますし、逆に〝このデータが欲しい〟という要求もあります。選手のパフォーマンスを知る、向上させるためにデータを役立てた元年になったのが2017年シーズンだったと認識しています」

DeNA体制になって初めてCSを制して日本シリーズまでたどり着いたシーズンが、奇しくもデータ活用元年となった。

このシーズンの途中、壁谷はアメリカに渡っている。事業本部長から球団代表に就任した三原一晃から「MLBからもっと情報を引き出してほしい」と新たなミッションが下ったからだった。願ったり叶ったり。これまではなかなかそういう機会を得られなかった。

壁谷はIT化が進むアリゾナ・ダイヤモンドバックス（のちに戦略的パートナーシップを締結）、タンパベイ・レイズなど5球団を回った。MLBのアナリティクスは思った以上に進んでおり、学ぶことはヤマほどあった。この経験を踏まえてR&D（リサーチ&デベロップメントグループ）を立ち上げる。スコアラーはゲームアナリストに肩書きを変え、スタンフォード大学大学院の統計学修士を持つ統計学のスペシャリストもこのタイミングで採用している。

「高度な統計学の処理をしていかないと大した分析にならないんです。根拠のある分析を提示することで説得力を持たせられますから」

チーム戦略部の攻めは続く。試合データ、選手データ、コーチの指導法やフィジカルトレーニングの方法など、チームに関するあらゆるデータを蓄積した「MINATO（ミナト）システム」に、相手チームのデータを搭載した「CANVAS（キャンバス）システム」、そしてトラックマンのデータに映像を併せてトレーニングに落とし込む打者用VRシステムの「iCube」も取り入れた。これはレイズでも採用されていたものである。

深い分析が可能となれば、当然ながら戦略も広がっていく。

「我々の役割としては3つのカテゴリーがあります。編成及びスカウティング系、育成系、戦術系。短期中期長期で成果が出るものを、とマトリックスをつくって何ができるか、何がやりたいか、実現可能かどうかをつき合わせて決めていきます。たとえば育成を例に挙げるなら、達成基準の指標をつくりました。統計学をやってきたスタッフにお願いして、12球団において一軍戦力になっている選手を総じて見ていったときに、何年目までにこういう数字を達成しているなどと指標があったりする。仮説があったら、それを検証していくのも我々の大事な仕事です」

データが担う役割が大きくなっても、あくまで「手助け」が先にあるというスタンスを崩すことはない。指導者、選手が自分の感覚に、データをすり合わせてもらえばいいだけだ。

ベイスターズは「ドラフト戦略が当たっている」という評判を得るようになっていた。下位の指名選手だけをみても２０１２年ドラフト６位の宮﨑敏郎、２０１３年４位の三上朋也、５位の関根大気、育成１位の砂田毅樹、２０１５年４位の戸柱恭孝、２０１６年５位の細川成也、９位の佐野恵太……。ドラフト１位ともなれば２０１４年の山﨑康晃をはじめ、言うに及ばず。データの活用によって高田ＧＭ、吉田孝司球団代表補佐兼スカウト部長、担当スカウトの仕事を補助する役割を担った。チーム統括本部に入った当初は高田に野球の話など振ることさえできなかった。だが徐々に「認められている」と思えるようになってきた。

「高田さんに〝この選手はこうですよね〟と生意気に言っても〝ああ、そうだな〟って言ってもらえるようになりました。正直、高田さん、吉田さんの目利きは本当に凄いです。あの人たちが感覚で言う、いい評価をデータが立証しているようなもの。高田さんは別にデータを見なくても分かる。だから関心は高いわけじゃないんですけど、僕たちがやっていることも容認している。

〝俺は使わないけどな〟ってよく言われていました」

壁谷にはもう一つの顔がある。

それは国際業務の責任者。つまり外国人選手の獲得に2015年から携わってきた。前任者が退任したタイミングで「ぜひ私にやらせてください」と立候補したのだった。

日本でのプレー経験があるルイス・ロペスとライル・イエーツ（のちにイエーツから元阪神タイガース投手のグレッグ・ハンセルにバトンタッチ）がそれぞれ全米で担当エリアを分け、彼らの推薦をもとに編成トップの高田GMからの要望に照らし合わせながら、獲得選手を決めていくことになる。まずは彼らと信頼関係を築かなければならなかった。夏に渡米して2週間、彼らの仕事に同行することから始めた。

「それぞれのところに行って、最初は〝誰だ、コイツ〟っていう目でしたよ。食事含めてずっと一緒にいましたから、コミュニケーションを取ってお互いのことを分かりあった感じでしたね」

年俸がさほど高くなく、いい選手を。それが球団からのオーダーだ。潤沢な資金力はないだけに、そこは工夫していかなければならない。

2015年シーズンのオフ、壁谷が初めて獲得に携わったのが、アリゾナ・ダイヤモンドバックス傘下AAA（トリプルエー）に所属していたジェイミー・ロマックだった。この年メジャーでは12試合の出場だけだったが、AAAでは2割8分4厘、27本塁打、100打点を挙げており、争奪戦の末に獲得した期待の内野手であった。また、メジャー経験はないものの、191㎝の長身から繰り出す150キロ右腕のザック・ペトリックも獲得している。

しかしロマックは活躍できず、1本もホームランを打てないままクライマックスシリーズ前に帰国することになる。この後、韓国プロ野球で大活躍することになるのだが、日本では結果が出なかった。一方のペトリックも3勝にとどまり、わずか1シーズンで自由契約となっている。

この失敗を、次に活かさないと意味がない。

壁谷はこう振り返る。

「ロマックのその後を見ても、活躍できるかどうかは紙一重のところもあります。ただ学べることはありました。まずは見る体制を整備すること。海外スカウトの意見を参考にすることに変わりはありませんが、第三者の目も入れてより精度を上げていくクロスチェックにしたわけです」

壁谷はチームのスカウトとともに渡米して駐米スカウトが推薦する複数の選手をチェックしていく。スカウトは主に技術面を見て、そして壁谷は野球に取り組む姿勢や事前にデータで把握した特徴の確認を行なう。

「日本とアメリカでは起用法や練習法も違います。食事、文化、あらゆる面で違ってくる。我々はアジャストメントと呼んでいますが、まさにラミレス監督は日本にアジャストして成功を収めているわけです。日本で成功を収めたいという意志が強いかどうかも獲得にとっては大事な要素になります」

壁谷にとってもう一つ大きかったのはトラックマンのデータを共有できるようになったこと。

2016年からアメリカのデータにもアクセスが可能となり、より具体的に検証することができた。ロマックやペトリックを獲得したときには、なかったものだ。

2016年シーズンオフに獲得したのが、投手のジョー・ウィーランド、スペンサー・パットンらであった。ウィーランド、パットンともに2017年シーズンの日本シリーズ進出に大きく貢献することになる。

「パットンは（フィル・）クラインと並んでその年に獲得した外国人選手の本命でしたけど、ウィーランドに関してはその次くらいの評価でした。ただ前年にロマックを視察したときに彼を見て、いいカーブを持っていましたし、マークしていたんです。ちょうどFAだったので早めに契約できるとあって〝じゃあ決めちゃいましょう〟となったんです」

最終的には高田GMがチェックして、獲得にGOサインが出るという流れ。2017年からはチームのヘッドコーチを務めていた球団OBの進藤達哉がGM補佐兼編成部長に就任し、クロスチェックの技術面を担う強力な助っ人になっていく。

2018年シーズンに合わせ、獲得したのが2年連続本塁打王となる、あのネフタリ・ソトであった。

スカウトのロペスが継続的にマークしてきた選手であり、打撃フォームを変えて変化球に対して強くなっていたことで日本向きだと太鼓判を押してきた。アメリカでチェックできる時間が少なかったため、日本で入団テストをしたうえで合意に至った。

「ロペスからもどう評価しているかをじっくりと聞きましたし、そのうえでクロスチェックをしよう、と。トリプルエーでしっかりやってきた選手ですから、入団テストというのは普通ないケース。それでも受け入れたということは、日本で成功したい意志が強いと思いました。技術面も、野球に対する姿勢も素晴らしい。ただあれだけ活躍することは予想していませんでしたけど」

チームにITを溶け込ませ、限られた予算のなかで助っ人を。

三原や萩原の力も借りて、プロ野球経験のない戦略担当がチームを助けていく。

12月のMLBウインターミーティングに出席することは欠かさない。だがベイスターズの場合、この前に外国人選手の編成は大体終えている。何のために出席するのか。

「ここに行くと凄く勉強になるんですよ。MLB球団幹部と話をしたり、ウインターミーティングはテクノロジーの祭典でもあるので」

現状にとどまることを、良しとしない。彼もまたベイスターズの男である。

4　三原一晃（現在は専務取締役球団代表）

球団には試合管理人という大事な役職がある。滞りなく試合を完遂するため、試合に必要と思われる措置を行なう責任者である。

担当していた池田純社長から2016年に引き継いだのが、専務取締役で事業本部長を務める三原一晃であった。編成トップの高田繁GMから「チームのことをよく知っている人でお願いしたい」とのリクエストが球団にあり、事業側の責任者という立場でこれまでもチームと絡んできた彼が試合管理人となるのは言わば自然の流れだったとも言える。

雨でもどうしても試合をやりたい日もあれば、その逆もある。事業側の事情だってある。三原はその事業側の責任者として前年まで中畑清監督や高田GMと意見をぶつけ合ってきた。

「グラウンド状況が良くない場合、監督としてはあまりやらせたくないし、それでもチケットがこれだけ売れているんだからやれませんかねって検討してもらうのが僕の立場。逆にチームのほうが〝きょうは石にかじりついてでもやる〟ということもありましたよ。とはいえ、高田さんは事業サイドの言い分もよく理解していただいていましたし、それは中畑さんも同じ。我々とすれば非常にやりやすかったと思います」

試合管理人は試合中スタジアムにずっといなければならず、必然的に野球をじっくり見る機会が増える。そして運営においてはNPBとの調整も必要になってくる。事業側の仕事とは180度違ってくるため、ここは球団の生き字引とも称される当時の笹川博取締役から「丁寧に面倒を見てもらった」という。三原は2016年10月に球団代表に就任し、事業サイドからチームサイドに完全に移ることになった。

チームにとってはまさに「異分子」だ。

だが異分子扱いには慣れている。

ＤｅＮＡ本社時代は萩原龍大の直属の上司であり、人事の責任者を務めていた。２０１３年に「取締役事業本部長」として球団に入った。

「本社の人事のお偉いさんが、こっちに来るんだって」

周りが警戒度２００％なのは、三原も感じていた。

「本社の人事にいた人間が高い役職で入ってくるわけですから、自分の席で仕事をしていても視線が集まってくる感じがあって最初は居心地が悪かったです。ただ、みなさんで共有しましょう、同じ方向を向いて仕事をしましょうというのは萩原がいろんな形でやってくれていましたから、事業サイドの現場に仕事として積極的に落とし込んでいくのが私のメーンの役割になっていきました。球団にはこの人に聞かないと分からないみたいなことが結構ありましたから、それを分散して、人材交流や人事異動を含めて活性化していきました」

正しくやっていれば、自ずと人はついてくる。２０１３年の１００万円チケット企画ではプロジェクトメンバーに入り、中畑への交渉役を買って出ている。職員たちと同じ目線で働き、コミュニケーションを密に取ることを心掛けた。

「こっちの言うことを聞いてもらう代わりに、逆にみなさんには言いたいことを言ってもらう。そういう職場にしたいと思っていました」

クールに見えて、意外に熱い。それに生粋の大洋ホエールズファン。子供のころ、父親に連れられて川崎球場でホエールズの試合を見た。オレンジの帽子をかぶって応援した。平松政次のピッチングを見て以来、熱心な平松ファンになった。そんな自分がベイスターズで働くなんて、そんな自分がチームに関わる仕事を任されるようになるなんて。球団代表に就任したことは驚きでもあったが、異分子だからこそやれることがあると自分に言い聞かせていた。

チームには大きな懸念があった。

編成のすべてに携わってきた高田が70歳を過ぎていたなか、後継者がいなかった。退任も、先の話ではない。後任者を選ぶにしても、まずは高田そのものを知っておかなければならない。高田イズムを把握しておかなければならない。三原はその危機感もあって、高田への密着マークを決意した。

行動派の球団代表。チーム統括本部で改革に励む萩原や壁谷周介の上司らしく、「自分の立場だからこそやれること」を模索したなかでの答えだった。

チームで移動するバスの先頭座席はラミレス監督と高田GMが座っていた。荷物もあるため1人が2席使うことになっていたが、高田の隣に割って入るようになる。

「チームのルールとか知らないですから、図々しくお願いして高田さんの隣に座らせてもらいました。高田さんも最初は嫌だったんじゃないですかね。そこでちょっと話をしてもらったりもしますけど、負けた試合はバスのなかもいたたまれない雰囲気で重いんです。それでも高田さんの隣にいることが僕にとっては大事でした」

嫌でもついてくる三原に、高田も自分のほうから考えを伝えるようになっていく。2人で試合を見ながら、試合の見方、選手の見方、野球に関わるすべてのことを。それを2年間ずっと繰り返していくことになる。高田が口に出さずとも、考え方が伝わってくる感覚を持つまでになる。高田も何かあれば三原に意見を求めてきた。

「ユニフォームを着ている人はきょうのこと、あすのこと、今シーズンのことを考える。我々は違う。３年先、５年先を見て動かなければならない」

高田から教わったことの一つだ。いい組織をつくっていくことが、将来につながる。チームスタッフやアスレチックトレーナーたちが仕事のやりやすい環境になっているか否か。そこは注意深く見るようにしていた。


プロ野球の現場は、経験がモノを言うことはよく分かっている。それを萩原や壁谷が変えようとしてきた。経験者も、非経験者も全員の力を結集することでチームは強くなっていくというのは、人事畑を歩いてきた人間としては常識。高田の教えプラス、異分子ならではの強みを活かそうとした。

「（R＆Dから）凄くいいデータが出たとしますよね。それを僕に報告したってあまり意味がないから、現場と密接な関係をつくりながらやってほしいとは常に言ってきたつもりです。監督やコーチに対してこういう相談が行くと思いますよ、とか、協力してやってくださいとか、お願いするのが僕の仕事。データを活かした選手から、感謝の言葉を掛けられることが彼らの喜びでもあり、たまらない瞬間でもある。このチームに関わっている人が、ちゃんと役立っていると思えることが大事なんです。そうじゃないと組織って長続きしないですよ」

高田は2017年シーズン限りで退任する意向だったが、南場智子オーナーの慰留もあって1年先延ばしにした。後任についても三原は高田と話をした。

隣にいればいるほど、凄い人だと思えた。編成におけるすべての意思決定を細かくやれる人など、ほかに考えられなかった。

高田の前に高田なく、高田の後に高田なし。新しいGMを置かないというのが三原の結論であった。

退任が発表され、自分が球団代表として編成のトップに立つことになった。GM職として高田から最後のアドバイスをいただいた。

「これからの意思決定はあなたが決めていくことになるが、心配はしていない。大丈夫、できるよ」

これ以上、励みになる言葉はなかった。三原は深々と頭を下げた。

ドラフトでいい選手を獲ってしっかり育てる、監督、コーチには目の前の勝利にこだわってもらう。その高田流組織づくりを背骨に置きつつ、合議色を強めてきた。

「頼りないリーダーになった分、自分たちで考えて、自分たちで決めていかなきゃいけないという意識は高まっていったと思います。ドラフトもスカウトの眼力を信頼していますし、育成のところも、人材開発のところも、R&Dのところも信頼を置いて、責任を持ってやってもらっています」

外国人選手の獲得もそうだ。壁谷らの目を信頼して決定権を与えている。あらゆることに注意深く目を配って情報や状況を把握することは怠らない。困ったときに、自分が出ていく準備はいつもやっている。

高田というエースがいなくなったなかでの全員野球。

3年先、5年先のチームを見据えて。

心配していない。大丈夫、できるよ。

自分に向けられた言葉ではなく、それは「自分たち」に向けられた言葉。三原一晃は、そう受け止めている。

5　進藤達哉（現在はチーム統括本部編成部部長）

いぶし銀の働きは、コーチでも、フロントでも。

1998年の日本一をけん引した〝名サード〟進藤達哉は2003年に現役を引退し、指導者として2004年シーズンにベイスターズに戻ってきた。一軍守備、走塁コーチやスカウトを経て、1度地元・富山に戻って独立リーグの指導者を務めたが、2014年シーズンから復帰。以降、一軍打撃コーチ兼作戦担当、ヘッドコーチを経て2017年よりフロントに入り、編成部長を務めている立場だ。

確かな目と指導力は、中畑清監督、アレックス・ラミレス監督から信頼され、フロントに入ってからは高田繁GMを補佐してきた。三原一晃、萩原龍大、壁谷周介らともコミュニケーションを図りながら、辣腕をふるっている。

1987年にドラフト外で大洋ホエールズに入団。古くから球団を知る貴重な存在でもある進藤に、「昔と今の変化」について尋ねた。

——進藤さんが富山から5年ぶりに戻ってきたのが2014年シーズンです。経営もTBSからDeNAに変わり、以前にいたころとは随分、印象も違ったのではないでしょうか?

「まず感じたのは選手がガラッと変わったこと。私が離れる前は村田修一、内川聖一、吉村裕基たちがこれから引っ張っていくだろうと思っていたら、3人とも移籍していましたからね。GMに高田さんがいて、(チーム編成において)一本、しっかりした柱が通っているなとも感じました」

——チーム成績と比例するかのように横浜スタジアムの来場者も減っていましたが、中畑人気やスペシャルイベントやスペシャルチケットもあって、スタジアムに人が集まるようになっていきました。

「確かにチーム成績で苦しかったころは負のスパイラルというか、いろんなところに影響が出るんだなとは感じていました。横浜に戻ってきてちょっと衝撃的だったのはスタッフ会議に事業サイドの部長さんが出て、チームに対しても要求があったこと。野球だけやっていればいいという時代から文化が変わってきたんだな、と」

――ベイスターズはファンサービスにも熱心です。

「我々のころは、試合前になると会社の人を寄せつけないくらいの雰囲気で試合に入っていったものです。でも時代は変わりました。早くスタジアムに入ってきたファンに選手がサインしたり、キャンプでもそうですよね。コーチの立場からしたら、練習で疲れているんだから早く回復の時間に充ててほしいと思うんですけど、選手たちは苦に思っていないんだなって、それも印象的でしたね」

――2017年からフロントに入って活躍の場を移しました。チームは人材開発やIT戦略を進めようとしていきます。

「そうですね、いろんな取り組みが始まっていました。ITで言えば同じフォーマットを使ってコミュニケーションできるのはいいこと。見える化がどんどん進んでいくことは非常にプラスだと感じました。MLBは実際にその動きが強くなっていて、我々が感覚や経験に頼っていたものがデータとして提示されるので、非常に説得力がありました」

――進藤さん自身はすぐに馴染めましたか？

「いやいや、まず会議でも横文字がボンボン出てきますから、最初は机の下で隠れて検索しながらやっていましたよ（笑）。僕らの世代は、感覚的に身振り手振りで伝えてくれたほうが分かりやすい。でも今の選手はデータ上の根拠を示したほうが理解しやすいようになっている。それならば監督やコーチのほうが、逆にフィットしていかないといけないかなとは思いますね」

――守備シフトなど戦術面でも頻度が上がっているとうかがいました。

「現役のころダブルプレーをやるにしても選手同士で話して感覚を合わせていきましたけど、そこにデータの確率が乗っかってくるわけです。そういった感覚はある程度試合数をこなすことで生まれてくるもの。データがあることで選手に経験はなくても、こういう形でやろうとスッと入ることができるようになりました」

――編成部長としてはスカウトとの共有という役目もあると思います。

「データを読み込んでスカウティングレポートを書けるようになってもらいたいという話はしています。ただデータが免罪符にならないように、人がどう評価して、どう組み立てていくか。データをどう使いこなすかが大事になってくると思っています」

――高田さんが離れてからの変化は感じていますか？

「編成と育成がチームづくりの柱だという高田さんからの軸はブレていませんね。球団代表の三原さんが先頭に立って、目指すべき方向を示してくれています。変化というよりもいろんな発想を持って提案できる環境にあるので、思いも寄らないものが生まれる土壌はあるのかなと感じます」

――感覚とＩＴの融合を図っていくことで、思いも寄らないものが生まれてくる、と？

「そうだと思いますね。私自身、もっと勉強していかなくちゃいけないとも思っています。感覚と経験をデータに重ねていけば、もっといいものができてくるんじゃないでしょうか」

６　高田繁（現在は株式会社ディー・エヌ・エーフェロー）

高田繁がいなかったら、横浜ＤｅＮＡベイスターズはきっと路頭に迷っていたであろう。北海道日本ハムファイターズを強い球団に仕立てた名ＧＭを招聘し、チームづくりの根幹を委ねられたことはＤｅＮＡの妙手であった。

編成を一手に引き受けた。いや、高田の言葉を借りれば、引き受けるしかなかった。監督、コーチの人選に始まり、ドラフト戦略、選手育成、トレード、コンバートに至るまで権限を持った。短期中期長期の視点に立ち、一貫した姿勢でチームづくりを担うことで、万年、下位に沈んでいたチームの足腰を鍛えていくことができた。２０１６年の初クライマックスシリーズ進出、２０１７年のクライマックスシリーズ制覇、日本シリーズ進出につながり、２０１８年限りで退任している。

チームの芯をつくった最大の功労者が語る、ベイスターズとは――。

――２０１１年12月５日にＧＭ職に就任することが発表されました。ＤｅＮＡによるベイスターズの株式取得が発表されたのは11月。就任まではどのような経緯だったのでしょうか？

「あれは11月でしたかね。ＴＢＳを介してオーナーの春田真さん、社長の池田純さんから〝野球の話を聞かせてほしい〟と言われて、本当に野球の話をしただけ。ＧＭとかそういう話は一切なかったし、66歳でしたからもうプロ野球に関わるつもりもなかった。のんびりしたいと思っていましたから。実際、ある球団から誘われたけど、断っていましたからね。そして2回目に会ったときかな。GMをお願いしたいと言われても、という感じでしたよ。本当に困りました。でも任せられる人がいないし、時間もないという。やるつもりはなかったんですけど、お引き受けした次第です」

——DeNAにはどんな印象がありましたか？

「ITの企業でゲームが売れていてってことでしたけど、よく知らない（笑）。ただ従来の放映権ビジネスから切り替わる難しいころなのに〝5年で黒字にします〟と春田さんが仰ってね。僕は〝そんなの無理ですよ、球団経営は大変ですよ〟って言った記憶があります。でも本当に横浜スタジアムを買収したりして2016年に黒字化したわけでしょ。凄いですよ」

——同じGM職であっても日本ハム時代とは違う役割となります。

「日本ハムではたとえばコーチを決めるときでもフロントの島田利正さん、吉村浩さんと意見を出し合って3人で決めていました。だけどDeNAは（その役割が）僕1人だったから、自分でやらなきゃいけなかったというだけ。日本ハムや広島（東洋カープ）と同じようにドラフトでいい選手を獲って、自前で育てていくしかない。いくらお金を使ってもいいから、いい選手を集めてくださいということではない。そういうチームでしたら、僕はGMを受けていないですよ。わざわざ僕がやる必要なんてないから。限られた予算のなかでチームを強くするにはどうしていくか。そのやり甲斐はありましたよ」

——招聘した中畑清監督によって若手の芽が伸びていきます。

「今思えば気の毒でしたよ。先発ピッチャーなんて何人も挙げられないし、大変な時期をやってもらった。ファンにあれだけ愛されましたし、メディアを通じていろんなアピールもやってくれました。強いチームになるには監督の力量もありますけど、一番は戦力です。2015年に首位で折り返したけど結局は最下位になって、中畑監督からは〝責任を取ってやめます〟と。かなりショックだったとは思うんです。でも僕からしたら、ようやくピッチャーも揃ってきて、来シーズンは面白くなるぞ、Aクラスもいけるぞというところでしたからね。本当に大変な時期に引き受けてくれました」

——育成戦略という点では選手をファームから一軍に上げる権限はフロントにありました。

「ファームでは月に1回、育成会議をやっています。私のほかにもファームの監督、コーチ、トレーナーなどが集まって、先発はこの投手、リリーフはこの投手、そしてこの選手は必ず全打席、立たせてくれ、とか話をしながら伝えていきます。ファームの選手をどうやって育てていくかは、フロントの仕事。一軍からファームに選手を降ろすのは一軍監督、コーチが決めます。それで左の中継ぎがほしいとか、守備固めがほしいとかリクエストを受けて、選手名が挙がることもありますよ。ただ、挙がった選手はこういう理由だから待ってほしい、代わりに調子のいい、この選手を使ってほしいとかね、一方的にフロントが決めるということでもないんです。逆に一軍が勝手には決められませんということ。常にファームとは連絡を取っていますから、結果を出している選手を使ってもらいたい。その代わり一軍がどんな野球をするかを含め、口出しは一切しません。今も基本的にはそうだと思いますよ」

――トレードやドラフトもフロント主導になります。

「一軍の監督が自由にトレードすることも、この選手をドラフトで獲ってくれということもありません。スカウトやフロントと話をして、これでいきましょう、となる。中畑監督にはドラフト会場に向かう際に初めて〝この選手を1位でいくから〟って伝えていましたよ」

――アレックス・ラミレス監督が、中畑監督の後任になりました。決め手になった理由をあらためて教えてください。

「僕の経験で言いますと、現役を引退してNHKで解説者を経て1985年から日本ハムの監督に就任しました。日本ハムに縁があったわけでもない。すると外から見ていた選手の印象と、中に入ってみた選手の印象が結構違っていて、把握するのに半年から1年掛かりました。中畑監督が退任したベイスターズは翌年から勝負できると思っていましたから、チームを知っている人のほうがいい。ラミレス監督は現役のときから将来は日本で監督やりたいと言っていて、勉強も、心の準備もしていました。最終的には池田社長もOKを出してね」

――2人ともベイスターズに合った監督だったのかなとは思います。

「そうですね。中畑監督もラミレス監督も、球団の考えに沿ってファンサービスやメディア対応も素晴らしかったですからね。負け方によっては、きょうは（監督会見を）勘弁してほしいということもあるとは思うんですよ。でも2人は結果がどうあれ、負けたときでも感情を押し殺してやっていましたからね」

――ドラフトの話をいろいろと聞きたいのですが、一つだけ。２０１６年のドラフトで佐野恵太選手を９位で指名します。のちに４番を務め、２０２０年シーズンに首位打者のタイトルを獲得するわけですが、あのテーブルではどのような協議があったのでしょうか？

「指名予定は７人だったんです。ただ社会人ピッチャーの進藤拓也が残っていて、粗削りな選手ですけど期待を込めて無理して８位で獲りました。そうしたら大学生で気になっていた２人がまだ残っている、と。代打でいける選手がほしかった。球団代表の三原一晃さんがもうやめましょうと言っていたら、指名していないですよ。でも、行きましょうと言ってくれて。どちらの選手も見ていたスカウトの河原（隆一）に〝打てる選手はどっちだ〟と聞いたら〝佐野をお願いします〟と即答でした。２０１２年のドラフト６位で宮﨑（敏郎）を同じような形で獲っていて、成功例もありましたからね。佐野は代打で確実に結果を出していきましたし、勝負強いバッティングをしてくれました」

――ドラフトでいい選手を獲って、しっかり育てていくというコンセプトですね。

「佐野は大学出身ですからね。本来は高校生を獲って２、３年ファームで経験を積ませてから一軍に上げていくという流れがいい。でも僕が入ったときは戦力が全然足りていないので、まずは即戦力のピッチャー、それも左に偏った時期があったわけです。ようやくＡクラスで戦える戦力が整ってきていますから、これからは方向的に高校生の投手、野手を上位で指名する時期にはきているんでしょうね。２０１９年のドラフト１位で桐蔭学園から森敬斗を指名したのもその流れに入ってきたんだと言えると思いますよ」

——2016年10月、球団代表に事業本部長だった三原さんが就任しました。編成について高田さんからいろいろと吸収すべく、移動用のバスまで隣に座った、と。「あれは高田さんも嫌だったんじゃないか」と語っていましたが。

「いやいや、そんなことはありませんよ。2017、2018年はずっと一緒にいましたね。球団のブースで試合を観ながら、野球とチームの話を延々に。あくまで2人のなかでの話。一軍の誰にも言わないですし、そもそも（一軍に）口出しはしないって決めていますから」

——2018年限りでGM職から離れる際、三原さんに「大丈夫。心配しなくていい」と声を掛けたそうですね。

「まったく心配していないですよ。MLBを見てください。野球で実績を残した人がどれだけいるかっていう話ですよ。日本ハム時代、GM補佐を務めてくれた吉村さんは新聞記者出身ですからね。優秀なら野球の実績なんて関係ない。ドラフトもスカウトの話を集約しながら、先を見据えながら決めていけばいい。ベイスターズはコーチも経験を積ませて、自前で育てていますからね。そういった流れはできつつありますよ。三浦大輔監督だって一軍投手コーチ、ファーム監督を経て就任しているわけですから。一軍の監督というものは5年くらいやってもらいたい。中畑監督が4年、ラミレス監督が5年、ぜひ三浦監督にもね。そうやっていいサイクルになっていけばいいと思うんです」

——DeNA体制になってからは順調に観客動員数を伸ばしていき、なかなかチケットの取れないスタジアムになっていきます。

「その部分は一切関わっていないから何とも言えないですけど、単純に凄いなと思って見ていましたよ。トイレをまずきれいにしてね。いろんなところに目をつけて、いろんな企画をやったり、アイデアを出してね。様々な分野の人が球団に入ってきて、そういった人がいきなり部長になったりして大丈夫なのかなとは思いましたけど、無理だと思っていた黒字化を達成したんですから凄いという一言しかないですよ」

――最初、ベイスターズは2年で辞めるつもりだったとも聞きました。

「2年契約にしてもらっていましたからね。ただ1年目のときはドラフトが終わっていましたから、2年だと1回しかドラフトに携われない。それだとチームを変えられない。ぜひやってほしいと言っていただけたということもあって、7年もやらせてもらいました」

――今振り返ってみて、ベイスターズでの7年間はやはり大変でしたか?

「僕は基本的に選手を見るのが好き。特にアマチュアの選手をね。だからドラフトでいい選手を獲って、育てていっていう役割はやり甲斐がありましたよ。指名した選手が活躍してくれるとうれしいし、獲れなかったけど目をつけていた選手が他球団で活躍してくれてもうれしいもんですよ。あと10歳若かったら、やめろと言われるまでやるんだけどね（笑）」

第7プロジェクト

「伝統を守れ　革新に走れ」

1　営業部統合

チームが日本シリーズに進むことになる２０１７年シーズン、球団と球場の一体経営に伴って、次のアクションに移っていた。その年の８月、スタジアムの営業担当職員がベイスターズの営業部に出向し、球団とスタジアムの営業部が統合されたのだ。そこにはスタジアム側の望月眞人も入っていた。

株式取得前の２０１１年度は売り上げ52億円に対しておよそ24億円の赤字を出していたが、徐々に売り上げを増やしていくなかで横浜スタジアムのＴＯＢにも成功。５年目の２０１６年には目標としてきた黒字化を達成した。チームも初めてクライマックスシリーズに進出しており、攻めていくにはまさに好機であった。

お金をつくっていく重要なセクションとして引っ張っていくのが営業部。部長を務めるのがエンタメや球場演出でバリバリと働いてきた鐵智文である。球団と球場でバラバラに売っていたものを統合によって戦略的かつ効率的に営業できれば、さらなる収益増が見込めると意気込んでいた。

ただ、組織の統合というものは少なからずハレーションを生み出すものだ。これまでも協力してやってきた背景はある。準備期間を置いてもいる。しかしそれぞれの会社の文化は違い、今度は球団側のルールに沿って動いてもらわなければならない。慣れない仕事も、やってもらわないといけない。スタジアム側から出向してきた人たちのなかにはいまだに「乗っ取られた」と強く思っている者もいる。口には出さずとも、見ていれば分かる。

ギクシャクしていた。鐵の目から見ても。

鐵は動いた。

原始的な手法ではあるが、営業マンには飲みニケーションが一番だと考えた。

「やっぱり腹を割って話すのが大切だなって思ったんです。出向してきた人に、球団はどんな会社か、社員はどんな人かを理解してもらう必要がありました。それともう一つ、スタジアムの従来のクライアントさんをないがしろにはしないし、スタジアムで築き上げたものをガラッと変えていこうというつもりもない。一緒に、もっといいスタジアムにしていきましょうって、いつもそうやって呼び掛けました」

ないがしろにしない、ガラッと変えるつもりもない。その方針でやってきてはいたが、疑心暗鬼になっているところも感じていた。だからこそ腹を割って、球団の本気を伝えたかった。

あの話もした。入社する以前に家族と試合観戦した際、娘がすぐに飽きてしまってスタジアムに戻ってこなかったことを。大人も子供も楽しめる、そんなスタジアムでありたい。お酒が進むと、ついつい言ってしまうんだよな。

金曜日の夜は、飲みニケーションが多くなった。仕事が終わって「一時間一本勝負で行こう」と立ち飲み屋に繰り出すも、気がつけばハシゴ酒で、終電ギリギリで駆け込むベイスターズの営業マンたち。彼らのグチも聞いた、悩みも聞いた、やりたい仕事も聞いた、夢も聞いた、そしてみんなでワイワイと話をして、明日の活力にした。いつしか〝鐵の結束〟ができあがった。

会議は「楽しく和気あいあいにやる」が統合チームのルールになった。

その意味はこうだ。

「営業という仕事は、本当にキツいんです。うまくいかないことも多いし、お客さまの企業に叱られたり、厳しいご意見をいただくことがあったりというのはしょっちゅうありますから。会議くらいはみんなで楽しくやりたいじゃないですか。休みのときまで仕事を引きずってほしくないし、楽しい週末を迎えてもらいたい。だからあんまり抱え込まないように、夜の飲みを含めてコミュニケーションを取ることを何よりも大切にしました」

大きな仕事を手掛けていなかったメンバーにも、プロジェクトに入ってもらうようにした。球団と球場の力が合わさったらこんなに凄いんだということを、球団にも球場にも示したかった。

「これは良い悪いの話ではなく、一体経営の前、スタジアムさんは代理店さんを通じて看板を売るのが基本。問い合わせがあったら売りますという形であまり営業をプッシュする組織ではなかったように感じます。ただベイスターズは来場者がグングンと伸びていましたから、（統合したことで）ベイスターズの魅力を感じてもらいながら営業していこうじゃないか、と。肖像を使ってプロモーションやったり、チケットやグッズを使ってキャンペーンやったり、看板に付加価値をつけて一緒に売ることによって売り上げを伸ばしていくことが可能になりました」

統合営業チームは早速結果を残していく。売り上げは２倍近くに膨れ上がっていった。

２「70 th ANNIVERSARY PROJECT」

営業部に新たなミッションが舞い込んだ。

２０１８年11月22日に球団創設69周年を迎え、翌日から「70年目」が始まるとあって「70 th ANNIVERSARY PROJECT」を立ち上げることになった。

ベイスターズの前身、大洋ホエールズは１９４９年11月22日、大洋漁業（現マルハニチロ）の本社があった山口県下関市で産声を上げた。都市対抗野球の常連だった実業団チームを土台に、最初は「まるは球団」という名称であった。１９５０年開幕時から「大洋ホエールズ」となり、１９９３年にはマルハへの企業名改称に伴って球団名も地域密着を目指し「横浜ベイスターズ」に。大洋漁業、マルハのオーナー時代は２００２年１月までの53年間続くことになる。

このプロジェクトは1年を通して行なうビッグなもの。発祥の地・下関でのオープン戦開催からミュージアムの開設、４、６、８月において特別試合の開催（計６試合）などを盛り込んでいる。つまりはスポンサーを探してくれというリクエストだった。

鐵の心には、当初からマルハニチロがあった。以前のオーナー会社に声を掛けるというのは前例がない。営業部長になってからの鐵は球団の歴史をもう一度たどってみることにした。スポンサーになってくれている会社とのこれまでの経緯をきちんと把握しておきたかったからだ。そして当時のマルハがこの球団をどれだけ愛していたかを知った。

経営状況が厳しく、球団存続が危ぶまれていたなかでも不動産を処理するなどして、最後の最後までベイスターズだけは残そうとしていたという話を聞いた。結局はＴＢＳに売却せざるを得なかったものの、マルハの球団愛はハンパなかった。最初は下関でのオープン戦で何らかの協賛をお願いしようと考えていたが、プロジェクト全体のメインスポンサーについてもらう交渉に切り替えた。

マルハニチロ側にアポイントを取って会うことにした。昔の親会社にスポンサーをお願いするというシチュエーションは何だかゾクゾクした。

鐵に帯同したのが、スタジアムから出向していた望月だった。マルハニチロ側の担当者がベイスターズに愛着を持つ人物であることは把握していた。

「看板を出すだけではなく、プロジェクトのメインパートナーとして、一緒に横にいていただけないでしょうか？」

交渉は、いい雰囲気のなかで行なわれた。メインスポンサーの件を切り出した際も感触は決して悪くなかった。「まずは会社で検討させていただきます」という言葉も、鐵と望月は前向きな返答だと受け取った。

マルハニチロ側の担当者が「最後に一つ、いいですか？」と尋ねた。そして言葉を続けた。

「もしこの話をウチが断ってしまったらどうなりますか？」

鐵は言い切った。

「マルハニチロさんにスポンサーになってもらえなければ、スポンサーはあきらめます。他の企業にスポンサーをお願いすることはありません」

時が止まった。鐵としては覚悟を示した形だが、望月は驚いていた。というのも、マルハニチロが最もふさわしいとは思っていても、断られたら他にスポンサーをお願いするものだと考えていたからだ。いやそれが常識だ。


帰りの電車で、望月は鐵に尋ねた。

「さっきの話、本気ですか？」

鐵は真顔で返してきた。

「もちろん本気ですよ」

望月は身震いした。断られた場合の対処について、きっと社内のコンセンサスは取れていない。絶対に成し遂げるという強い意志を感じた。プラスしてマルハニチロの思いも、継承したいという意志を。

鐵もそのやり取りを記憶していた。

「覚えています。もちろんそんなこと言うつもりはなかったです。交渉のなかでこのプロジェクトはマルハニチロさんにも刺さったなって確信がありましたし、最後の質問に対してもし〝その場合はほかの企業さんに話を持っていきます〟と言ってしまったら、まとまらないような直感があったんです。それから1週間後に〝ぜひやりましょう〟とGOサインをいただいたんですけど、それまでは心臓バクバクでしたよ。もし断られたら、どうしようって。もうプロジェクトは動き出しちゃっていましたからね」

下関でのオープン戦こそ雨で中止になったが、ミュージアムやイベントに対するファンの反響は大きかった。そして何よりマルハニチロの社員が喜んでくれたと言う。

それが望月にはうれしかった。

「社員のみなさんからは、ベイスターズを気にしていたんだよ、とか、スポンサーになれてうれしいよとか、そんな言葉をいただきました。歴史を大事にするって、こういうことなんだなってあらためて感じました」

マルハニチロはその後もユニフォームスポンサーとしてベイスターズを支えていくことになる。70周年がつなげた縁。鐵の本気が、小さな奇跡を起こしたのだった。

3 重徳眞子（現在はビジネス統括本部チケット部オペレーショングループグループリーダー）

球団とマルハニチロをつなげた女性職員がいた。

彼女のパイプがなかったら「70 th ANNIVERSARY PROJECT」は成立していなかったかもしれない。

大洋漁業の秘書室に務めていた重徳眞子は野球好きとあって、１９９６年夏に球団社長からの提案を受け入れて１９９７年4月、ベイスターズに出向した「マルハの人」であった。以来ずっとベイスターズ一筋。２０１８年秋、「70 th ANNIVERSARY PROJECT」の企画が社内に告知されると、営業部長の鐵智文が重徳のもとへやってきた。マルハニチロの誰にこの企画を持っていけばいいいかという相談であった。

「私の同期がちょうどそのころ総務部長をやっていたので、私のほうからこういう企画が球団内で持ち上がっているから相談をしたい、と伝えたら、ご担当者の方を紹介してくれたんです。ベイスターズに対する思い入れも強いと教えてくれました。

私がいた大洋漁業という会社はベイスターズをとても大切にしていました。中部慶次郎オーナーは〝ジャイアンツやタイガースという名前はＭＬＢにもある。地域の公共財だから、もう会社の名前をつける時代じゃない。どこにもない名前をつけろ〟って、ベイスターズと。球団名から大洋という名も取っちゃった。地域財産を育てていくんだというオーナーの思いを知っていらっしゃる方は多いと思います」

マルハニチロ側に重徳のほうからもベイスターズの思いを伝えていたことが、スポンサー締結の好アシストになった。

「今のマルハニチロさんも、ベイスターズファンの社員さんがとても多いそうです。横浜スタジアムで野球を観に行くきっかけができた、と。そういった声を私のほうにもいろいろといただきました」

重徳はそう言って、柔らかい笑みを浮かべた。

継承と革新。

そのマインドはベイスターズが元々備えていたものだった。会社名を外し、地域密着を掲げて、ベイ（湾）とスター（星）の組み合わせは「ハマの希望となれ」という意味を含んでいることはご承知のとおり。

重徳が出向した1997年当時、球団はまさに変革期にあった。マルハの業績が厳しくなっていたことも関係して、親会社からの支援を受けない独立採算制に切り替えていた。

入場料チケットは球場に委託するのが常識だった時代。これを球団側でコントロールしようとして、マルハの取締役総務部長からベイスターズの球団社長になっていた大堀隆から呼ばれた。重徳が入社試験の面接で担当者だったのが大堀。「趣味は野球観戦。阪神タイガースファンです」と言ったことで気に入られたのか、後援会事務局の窓口を務めるなど当初から球団との関わりを持ってきた。

とはいえチケット販売なんて、やったことがない。球場から出向していた職員に教えてもらいながらマスターしていく。

「やり甲斐は凄くありましたよ。お客さまと直接接してチケットを売るわけですから、仕事をやった分だけ成果を感じられました。当時は紙チケットで大変でしたけど、１９９８年の優勝したシーズンは、これまで売れていなかったチケットが売れるようになってきたという感慨もありました。マルハの支援を受けずに黒字化できたというのは、私たち働いている職員の誇りでもありました」

新しいことにチャレンジする集団だった。１９９８年、リーグチャンピオンになったときにチャンピオンＴシャツ、チャンピオンキャップを用意した。今ではどの球団もやっていることだが、ベイスターズがその走りだったことはあまり知られていない。

横浜スタジアム側とバチバチやり合ったこともあった。

20年ほど前のこと。地域密着の夏休み企画として５０００人の子供たちの無料招待を提案したら、定価で販売した場合の球場使用料を要求されたという。スタジアムで購入する飲食はスタジアムの収入になるからと粘り、使用料を支払わない形で認めてもらった。球団と球場が別会社というやりにくさは、チケットを扱う仕事だからこそ余計に感じていた。

マルハが泣く泣く球団を手放した事情も痛いほど分かっている。親会社がＴＢＳに移行する際に「球団に残るならマルハは辞めないといけない」と決断を迫られ、重徳は球団に残る道を選ぶ。だが活気が萎んでいくようにも感じた。チケットも売れなくなり、チームの弱体化も進んだ。年間シートは最大で１万席売れていたが、半分ほどに落ちていた。

もちろんＴＢＳも一生懸命にやっていることは分かっている。だがチーム強化にも、来場者アップにもつながっていかない。「困ったらＴＢＳに補填をお願いすればいい」なんて声も耳に届いてくる。中部オーナーの思いを知る身としては複雑な感情を抱かずにはいられなかった。

時は過ぎ、今度はＤｅＮＡへと移る。そこには活気があった。重徳の目には「ハマの希望」が映っていた。

「移行する際、私たちが行なってきたことをちゃんと聞いていただいて、現場のことを知ろうとしてくれているんだなって思いました。正月明けに出勤した際に、当時の管理部長にあたる人がＴシャツにジーパン姿で仕事をしていてワオッて（笑）。新しい会社に入社したような気分にもなりました。以前は夕方５、６時になると営業部だけが毎日遅くまで残って仕事をしている感じでしたけど、みんなが遅くまで仕事をやっていましたね。遅くまでやるのがいいわけじゃないですけど、（移行時は）何かを変えていかなきゃっていう思いが会社のなかに広がっていたようにも思います」

頑張らなきゃと思えた。いや、私も頑張りたいと思った。

「球団に入ったとき精算書を書いたこともなければ、精算書って何ですかって聞いてしまうくらい、チケット業務のことは何も知らなかった。チケットの数え方から教えてもらいましたから。そこからいい意味で仕事のプライドを持って、やってきたつもりではあります。ＤｅＮＡさんから来られている方に〝マルハ出身の人は仕事できない〟とか思われたくないじゃないですか。恥ずかしい思いはしたくないですからね」

チケットオペレーションのプロとして、重徳は存在感を発揮していく。

紙の時代から、オンラインの時代へ。公式オンラインチケット購入サイト「ベイチケ」も改善が進んでいく。従来、チケット販売は業者に委託していたが、自社販売に切り替えることで販売管理を行なえることになった。

「配券と返券を私たちの意のままにできるようになりました。1日のうちにチケットを出し入れして、少なくなっているところに追加したり、逆にだぶついているところから戻して社内販売に回したり、とできるようになったんです。でも私がやっているのはお客さまがスムーズに購入できるようにオペレーションしているだけ。価格設定やスペシャルチケットだけでなく、10年、20年先を見据えた子供招待企画など企画グループの立案が素晴らしい。チームも２０１６年に初めてクライマックスシリーズに出場して、２０１７年には日本シリーズにも出ることができた。そういう頑張りもあって相乗効果でチケットの売り上げが伸びていきました。

それでも２０１２年から最初の２、３年はいろいろと苦労がありました。曜日によって割引チケットを出したり、無料で子供たちを招待したりといろいろいろとありましたけど、なかなか埋まらなかった。今だとおかげさまでボックスシートは売り出したらすぐに売り切れますけど、それまで時間も掛かりました。エキサイティングシートもそうです。いろんな方法で職員のみなさんが努力を重ねて、次第に埋まっていくようになったんです。球団と球場が一体経営になったことも大きかったとは思います」

満員のスタジアムを眺めるのが好きだった。横浜スタジアムが大人も子供も、そして女性も楽しんでくれる場となってくれたのは感慨深かった。

「昔は座席でタバコが吸えましたし、野球場って〝おっちゃんがタバコ吸いながら見るところ〟でした。薄汚れているイメージもあって、女性が積極的に足を運ぶところだとは言い難かった。だから隔世の感がありますよね。本当に遊園地みたいだし、女性も子供も安心して観戦できる環境になっていますから」

地域密着、横浜を感じる場所。2007年に病気で他界した中部慶次郎がこの光景を見たら、どれほど喜んでいただろうか。中部の思いも「継承」してくれていると感じた。

「もしDeNAさんがベイスターズという名を捨てたら、私はここに残っていなかったと思います。私は福岡出身で、ライオンズファンでした。所沢に移転して西鉄や太平洋クラブ、クラウンライター時代の名残りが消えてしまったのは、とてもショックでしたから。ここ横浜で、ベイスターズの名前を残してくれたのは本当にありがたかった」

実現に至った「70 th ANNIVERSARY PROJECT」では、昔を知る重徳は貴重な役回りを担った。2019年のシーズン開幕日となる3月29日からミュージアムをオープンすることになり、過去の名場面を振り返るタペストリー、歴代ユニフォーム、そして選手の記念品など、多くのお宝が展示された。

チームの歴史でもあれば、応援してきたファンの歴史でもある。

氷川丸のドラを鳴らす名物応援団長と言えば、池杉昭次郎さん。１９６０年に初めて優勝した際はファン代表としてパレードのオープンカーにも乗ったほど。１９９５年に他界したが、重徳は池杉の妻・愛子さんと交流を持ってきた。

ミュージアムの開設に伴って連絡を取り、何かお借りできるものがないかと相談したら自宅にうかがうことになった。

球団に関わるものはすべて、大事に保管していた。それを見るだけで、触れるだけで大洋ホエールズへの深い愛情を感じずにはいられなかった。

重徳はあるものを見つけた。

球団後援会による激励会の案内状。「池杉昭次郎様」との宛名は、大洋漁業の秘書室時代に自分で書いたものだった。

おぼろげな記憶がよみがえってきた。きれいに残っている案内状を手にすると、胸いっぱいになった。

70年間の歴史があって、人の思いがあって、今がある。

過去があって、未来がある。

重徳はその案内状を見つめながら、あらためてそう感じた。

4 「ハマスタレジェンドマッチ」

青木慎哉は横浜市内の図書館に通うようになっていた。

お目当ては、新聞の縮刷版。少年時代に応援していた大洋ホエールズがどんな歴史をたどってきたのかを頭に入れておきたいと思ったからだった。監督が交代した裏事情など、ベイスターズきっての情報通の青木にも知らないことはまだまだあった。

急きょ2019年の「70th ANNIVERSARY PROJECT」のリーダーを任されることになった。前任者がチームに異動するため、OBにも顔が利く青木に託されたのだ。

「やってほしいと言われて、分かりました、と。そもそも記念事業をやること自体、凄くうれしかったんです。これまで歴史を振り返ることなんてなかったですからね。5、6位がほとんどでしたから、会社も振り返りたくないと思っていたのかもしれません。でも僕からしたら5位だろうが、6位だろうが関係ない。誰のなかにもヒーローはいるわけですし、この球団には凄い選手がいっぱいいいたんだと伝えたいと思いました」

昔の新聞で見つけた記事があった。1982年、斉藤明雄（当時の登録名は「明夫」）がセ・リーグ最多セーブ記録を達成。ウイニングボールの話が紹介され、「横浜スタジアムのこけら落としのウイニングボールを持っている」という記述を見つけ、すぐに斉藤に電話を入れた。

「明雄さん、1978年のハマスタ開幕戦のウイニングボールを持っていらっしゃいます？　ミュージアムに展示したいんです。貸してください」

「もちろん、いいけど、よく俺が持っているの、知っていたな」

一事が万事、このような感じ。OBに片っ端から連絡を入れて、展示できるものを集めた。球団で保管しているものは皆無。新聞情報とOBからの情報を集めて、トロフィーやボールなど記念となるものを集めていく。野球殿堂博物館からも全面的な協力を得られ、バットやグローブ、昔のユニフォームなどを借りることができた。

ミュージアムは1年通して開設しているが、4、6、8月の「70 th ANNIVERSARY GAME」に合わせて年代順に展示物を変更して、何度足を運んでもらってもいいように工夫している。

これまで在籍した監督、コーチ、選手、スタッフをプレートにして壁一面に貼り付けた。お披露目の際に、ゲストで来場した平松政次、松原誠のレジェンドが喜んでくれたことが、青木にはたまらなくうれしかった。


彼の思いは、ファームにも向けられていた。

湘南シーレックスを担当して、2010年の名称変更にも立ち会った当事者である。「70 th ANNIVERSARY GAME」は2019年7月にイースタンリーグでも開催され、スタジアムDJやdianaも登場した。ファームの選手を盛り上げていく、シーレックスのマインドを示したいという思いもあった。ミュージアムではイベントに合わせて筒香嘉智のシーレックス時代のユニフォームを展示している。

シーレックスについては選手の反応も様々であったことは知っている。桑原義行は「屈辱的でもあった」と語っていた。ベイスターズに入ったのに、ユニフォームも違う、選手カードもシーレックスで、別のチームに入ったようで嫌だった、と。もちろん青木ら職員が一生懸命に盛り上げようとしてくれていることには感謝していたが。

青木はミュージアムの業務をこなしながらあらためてシーレックスを思った。

忘れられない思い出がある。シーレックス最後の2010年、ベイスターズで18年プレーした佐伯貴弘が戦力外通告を受けた。

一軍で花道を設けられるとも聞いていない。ここまでベイスターズ一筋で1500本以上の安打を記録した功労者。青木はこの2010年シーズン、シーレックスで過ごすことが多かった佐伯とファンが何とかお別れできる機会を設けられないかと考えていた。

11月、最後の湘南シーレックスファン感謝デー。毎年恒例のこのイベントには、引退試合や花道がなく退団する選手が登場してファンとお別れをしており、来場できないときにも選手から手紙をもらい、ナビゲーターが読み上げていた。佐伯からも手紙をもらったが、青木をはじめとしたスタッフの総意は「やっぱりスカスタに来てもらいたい」という気持ちだった。

佐伯に電話を入れたが、留守電だった。

「スカスタに来て、この手紙を読んでいただけませんか。佐伯さんがいないと、最後のシーレックスのパズルが完成しないんです！」とメッセージを残した。

ファンも佐伯は来ないと思っていた。

だが——。

グラウンドにスーツ姿の佐伯があらわれた。集まったファンから惜しみのない拍手が注がれた。

佐伯はマイクを握り、語り掛けるように話を始めた。青木は背筋をスッと伸ばして、耳を傾けた。

「横浜ベイスターズ　湘南シーレックスを愛するファンのみなさまへ。

18年間熱い応援をしていただき、本当にありがとうございました。みなさまと喜怒哀楽をともにして、歩んできた道は、一生忘れてはならない宝物となりました。特に２０１０年は佐伯貴弘にとって最高の1年でした。つらく苦しいと思ったこともありましたが、たくさんのファンのみなさまの支えがあり、切れることもなく、最後まで横浜ベイスターズの一員としてまっとうすることができました。そして私ごとではありますが、ファンのみなさまが背中を押してくれたおかげで大好きな野球を、続けられることになりました。この感謝を忘れずに、第2の野球人生をまっとうしていきます。ファンの皆様に感謝、毎日熱い声を届けてくれたファンに感謝、最後まで心と体を動かしてくれたファンに感謝、たくさんの感謝を込めて18年間お世話になったベイスターズのユニフォームを脱がせてもらいます。最後に僕のかわいい後輩たちをよろしくお願いいたします。生意気なやつらばかりですが、みんなかわいい私の後輩たちです。喜怒哀楽をともにし、ともに大きく成長させて大きくさせてあげてください。

そして俺のかわいい後輩たち、長いつきあいのヤツも短いつきあいのヤツも、ホンマにありがとう。こんなオッサンに毎日笑顔で挨拶をしてくれて、毎日笑顔で接してくれて、ホンマにありがとう。みんなのおかげで充実した野球人生を送れました。どこに行ってもみんなのことは見守っています。あのときもうちょっとやっておけばよかった、とかなんてないように、チャンスをもらえるための準備、もらったチャンスを活かすための準備、結果を継続させるための準備を忘れずに。すべての面において悔いのない野球人生を送ってください。

そして湘南シーレックススタッフ並びに関係者のみなさま、毎日の指導、激励、体調管理をしていただき本当にありがとうございました。みなさまのおかげで野球ができる体と心を維持させることができました。心から感謝しています。最高のファンのみなさまと、最高の後輩たち、それらを背中に背負って旅に出ます。

千万人と雖も我往かん、さよなら、またな。佐伯貴弘」

涙を我慢してのスピーチに、青木は泣いた。「お前がそこまで言うなら」と来場してくれた佐伯の男気に感謝した。セレモニーが終わった夜にショートメールが届いた。佐伯からだった。

〈行って良かった〉

その文字を目に入れた途端、青木の胸は張り裂けそうになった。

あれから9年のタイミングで、歴史を大事にする、OBの思いを大切にするミュージアムを手掛けることができたのは青木にとっても誇りでもあった。

この「70th ANNIVERSARY PROJECT」を後押しする形になったのが、２０１７年11月23日に球場改修を記念した特別試合「ハマスタレジェンドマッチ」である。佐伯も登場した球団初となる大々的なＯＢ戦は、大きな反響を呼んだ。谷繁元信は当初の予定を変更してまで駆けつけている。歴代ＯＢにとって待ちに待ったイベントだったのかもしれない。

ホエールズ時代の往年の名選手を中心にした「TEAM YOKOHAMA」と、１９９８年の日本一メンバーを中心にした「TEAM1998」の対決。YOKOHAMAはスーパーカートリオの屋鋪要、高木豊に、ポンセも山下大輔も松原誠もいる。先発はカミソリシュートの平松政次だ。監督のアレックス・ラミレスがメンバーに加わり、筒香ら現役選手助っ人でメンバー入りした。監督は「ＯＢを大切にしろ」と球団に口酸っぱく言っていた中畑清が務める。

一方の１９９８は進藤達哉、鈴木尚典、佐伯、谷繁、畠山準とあのときの興奮がよみがえってくるメンバー。「大魔神」佐々木主浩、「番長」三浦大輔もいる、もちろん権藤博が監督だ。

１９９８年当時のウグイス嬢がメンバーをアナウンスし、歴代マスコットもグラウンドに登場。ＴＵＢＥの前田亘輝が始球式にあらわれると、何とバッターには権藤を指名するなど、序盤から盛り上がりまくった。

斉藤明雄のリリーフあり、番長と多村仁志の対決あり、屋鋪の激走あり、試合途中での記念撮影あり、筒香シフトあり、もう何でもあり。中畑の「代打オレ」や中畑の猛抗議がかすむくらい、盛りだくさんの盛り上がり。笑いと、センチメンタルと、リスペクトと。「TEAM1998」が3－2で勝利して、MVPには3安打&ブラックホッシー撃退の佐伯が選ばれた。

OBたちの笑顔がそこにはあった。OBを大切にする球団になりたいという、メッセージが詰まっていた。

現役引退後、球団職員に転身した畠山も感慨があった。実は「お客さまの前で恥ずかしいプレーはできない」とスクールの手伝いに行った際には入念にキャッチボールをするなど、ハマスタレジェンドマッチに向けて準備していた。

「先輩たちが随分楽しそうにしてくれたのがうれしかったですね。僕もハマスタのグラウンドに立てて良かったです。ただ動きはボロボロでしたよ。もうちょっとやっていたら肉離れになっていました（笑）。OBに対する球団の思いっていうんですかね、開幕には招待の案内状を送ったりしていますし、関係性が良くなっていったんじゃないですか」

雨上がりの空は晴天なり。

権藤がマウンドに出ていって、大魔神にボールを渡す。

オールドファンもニューカマーのファンも。2万3000人、そのうれしそうな顔がグラウンドを照らしていた。

5　原惇子（現在はビジネス統括本部MD部部長）

一言で表現すれば、右肩上がり。

ベイスターズの観客動員数はＤｅＮＡ体制になった２０１２年シーズンの１１６万５９３３人を記録して以降、順調に数字を伸ばしていき、クライマックスシリーズに初進出した２０１６年シーズンは１９３万人９１４６人となる。座席稼働率は初めて90％を突破。球団と球場の一体経営が始まり、スペシャルイベント＆スペシャルチケットも定着、さらにはチームも強くなってこの数字が成り立っていた。

だが誰も満足していなかった。２０１６年10月、池田の後任となる球団社長に岡村信悟が就任。スポーツの力で横浜を盛り上げる「横浜スポーツタウン構想」や横浜スタジアムの増築、改修計画も発表され、むしろさらなる〝攻めどき〟であった。

チケット部の原惇子は、２０１７年シーズンのカレンダーとにらめっこしていた。スペシャルイベントを統括する部署でもあったため、イベントのスケジュールと照らし合わせていけば大体、集客の数は想定できる。夏の風物詩「YOKOHAMA STAR☆NIGHT」はもはや黙っていても、売れる時代になってきた。

なかなか埋まらない日があった。

それは春先の平日のナイター。夜はまだ肌寒く、例年苦戦していたところ。どのチームもここが「難所」であったが、ベイスターズも例外ではなかった。

券売が弱いならば、平日に合わせたイベントを打てないかと全部署横断で検討をしていたところ、グッズ企画・販売部門のMD（マーチャンダイジング）部から斬新な提案があった。そうして生まれたのが「BLUE☆LIGHT SERIES 2017」（5月23〜25日）である。

ＭＤ部らしく、スティック、チケットホルダー、バットと青く光るレアグッズをチケットに付けてスタジアムを横浜ブルー色に染めるという企画。ブルーライトと言えばスターライトでしょ、とばかりに最終日には元光ＧＥＮＪＩの諸星和己をゲストに呼んで、試合後のパフォーマンスで盛り上がった。年配のファンに「これってブルーライトヨコハマに掛けてるよね」などと突っ込まれつつも、大盛況に終わっている。

チケット部の仕事は、「設計士」の役割を担う。

「チケットってオペレーションを売るんですよね。サービスの帳票になっているわけで、中身のサービス設計がすべて完成しているかどうかをチェックしなければなりません。チケット部の観点でここのオペレーションが詰まっていませんよ、雨が降ったときにこういうリスクありますけど大丈夫ですか、とか、チケットを先に売るとこういう懸念がありますよ、などと一緒に考えながらつくっていく部署だと思っています。急きょイベントをやるということも結構あって、チケット部も対応していかなければなりませんから」

来場者がどんな反応を見せているかも把握しておく必要がある。原は「BLUE☆LIGHT SERIES」でもスタジアムを回っていた。

なかなか埋まらない席があった。

座席の内野エリアは一塁側がホーム、三塁側がビジターという通例をベイスターズも採用していた。だが空席が出てくるのはどうしても三塁側で、何とか手を打たなければならなかった。２０１６年シーズンから一塁側を「BAY SIDE」、三塁側を「STAR SIDE」という呼称に変更。「STAR SIDE」の一部をＤＢ応援席としてベイスターズ専用の応援エリアにした。この効果もあって２０１６年の座席稼働率93・3％、そして２０１７年は「BLUE☆LIGHT」の成功やチームの日本シリーズ進出などもあって96・2％を記録する。それでも原はまだ伸びしろがあると考えていた。相手の応援席に近いところは「何をやっても売れない」からだ。チケットを売った来場者の反応や動向を見ておくのも原の仕事。マーケティングの分析も踏まえたうえで、ここでもアクティブサラリーマン層がターゲットだと確信する。

「最初はいい特典をつければコアなファンが三塁側に移動してくれるかと思っていたら違っていました。だったら移動してもらえる人たちの層を変えてみるしかない。BAY SIDEの席を何となく買っているコア層じゃない人だな、と。そこを抽出して、STAR SIDEに行ってもらうことを考えなきゃいけないと思いました」

ベイスターズの売りは何？

野球もイベントも見やすい席であることに変わりはない。「コア層じゃないアクティブサラリーマン」を振り向かせるために救世主となったのがビールだった。「ビール半額チケット」を埋まらない席とリンクさせたら、嘘みたいに売れていった。

この2018年シーズン、観客動員数は球団創設初となる200万人超えを達成。稼働率もさらに伸びて97・4％を記録した。

97・4％に魔法などない。

地道に施策をやってきた成果。全体を眺められるチケット部で仕事をしてきたからこそ、スタジアムで来場者の反応をつぶさに見てきたからこそ。原は、身をもってそう感じてきた。

コア層もライト層も。子供も、女性も。

特に女性は目立つようになった。「YOKOHAMA GIRLS☆FESTIVAL」など女性向けのイベントを増やしただけでなく、安心に、安全に観戦できる環境を整備してきた。トイレはきれいに、そして数多く。グルメは女性が楽しめるものを。グッズは購買意欲をそそるものを。原たち女性目線のアイデアも活かされてきた。

原は毎年、海外に出向いてスポーツイベントやエンタテインメントに触れるようにしている。影響を受けた一つが、テニスの全豪オープンである。他の大会と比べると歴史が浅いがオリジナリティを出そうとしている面をベイスターズに重ねてきた。

「どうしても歴史あるものには追いつくのは難しい。野球で言えば巨人、阪神には歴史ではかないませんから。全豪オープンは、ならばと選手を含め働いている人たちのホスピタリティを上げる努力をしてきて価値をつくり上げてきました。巨大なものに打ち勝つためのオリジナリティのつくり方という点ではとても勉強になります」

原は健康スポーツ事業会社、広告代理店を経て２０１４年に入社。早稲田大学でスポーツマネジメントを学び、野球好きとあって、「新しいことにチャレンジしている風土がある」ベイスターズに惹かれた。入社１年目のファンフェスティバルではプロジェクトリーダーを務めた。

「まだ右も左も分からなくて、誰がどんな業務をやっているかも分からないのに、みなさんとコミュニケーションを取ってやりました。会社としても勇気を振り絞ったアサインだと思います。経験の少ない人にでもボールを渡せる勇気が凄いし、どんなキャリアの人間でもフルでサポートしてくれる環境がここにはあります」

チケット部に配属されて頑張れたのも、働きやすい環境があるからだと彼女は言う。２０１７年からチケット部部長を務め、そして２０１９年からはＭＤ部部長として活躍の場を移している。

「新規のお客さまとの接点をつくるマーケティングの要素を担っていきたいとは思っています。たとえばディズニーランドに行ったことのないお子さまが、キャラクターのぬいぐるみを持っていたとしますよね。そうしたらディズニーに行きたいなって思うはず。まだ球場に足を運んでいなくても自宅にＤＢ・スターマンのぬいぐるみがあったら……。グッズをきっかけに野球に興味を持ってもらうことを考えたいですね」

接点をつくるアイデアを、努力を。

これから先、新しいファンともっともっとつながっていくに違いない。

6 祢寝《ねじめ》宗吾（現在はビジネス統括本部飲食部飲食グループリーダー）

オーッ！

11年ぶりとなる横浜スタジアムでの2018年シーズンの開幕戦。

バンバンと勢いよく打ち上げられた花火の後、薄暗い上空に「光の物体」が観客の声とともに飛び出していく。

80台のドローン。

きれいに隊列を成し、ベイスターズの「B」と「☆」を形づくる。花火とライトと音を交えたオープニングセレモニーは、ファンを異空間に誘った。

どこもまだやっていない演出を。

祢寝宗吾はこの企画を仕掛けた一人。

「横浜公園の上空にドローンは飛ばしちゃいけないんじゃないかってところから始まって、スタジアムのどこまでなら（飛ばして）いいよとか、細かく決められていたんです。オペレーションのところが一番大変だったんですけど、お客さまの歓声が凄かったっていうのはよく覚えています」

ドローンを使った上空演出と、3Dプロジェクションマッピング。ただこれは公募から選ばれた運営会社と手を組んで実施したものだった。

エンタテインメントを担当する以前は、個性派の営業マンとして知られた。それでもオレ流の営業のコツをつかむまでには時間が掛かったという。

ＴＢＳ時代に入社してマスコット管理などの業務をこなしていたが、ＤｅＮＡ体制に変わったタイミングで営業に回ることになった。

球団球場の一体化前。横浜スタジアムが持っている広告の枠を請け負ったり、イニング間にスポンサーをつけたり、と新たなアイデアを出して新たな商材をつくっていこうとしていた時期だった。

「イニング間にスポンサーをつけようって、当時の上司が言い出したとき、スゲエなって思いましたよ。ギャランティという言葉も、なんだその横文字って、自分はそんな感じでしたから、クビ切られるんじゃないかって思っていましたよ」

慣れない営業、それにノウハウもない、営業知識もない。まったく結果が出ない。池田純社長からも「ネジ、全然売れないんだったら、会食とかに行っている場合じゃないよ」と言われてしまう始末だった。

ノウハウも知識もない祢寝はとにかく人の懐に飛び込んで、信頼関係をつくろうとした。大切なのはフットワーク。呼ばれたら会社にも会食にも、ベイスターズグッズを持参して出向いていく。いつしかプライベートでも仲良くなっていく。

この人脈が、祢寝の武器となる。営業成績こそあまり出ていなかったが、ここから大型案件をバシバシ決めていくのだから面白い。

「営業と言っても、助けてもらうことばかりなんですよね。当時の事業本部長からも〝ネジさんみたいな営業マンはつくれない。誰がやってもいいような組織にしたい〟と言われました。これ褒められているのか、そうじゃないのか（笑）」

祢寝だから顔が利く、そういうレベル。〝人たらしのネジ〟は、確かに真似できるものではない。

自分なりにルールはあった。嘘は絶対につかないこと、自分をさらけ出すこと。ここだけは曲げなかった。

営業で成果を上げるようになっていた祢寝だが、ここでエンタテインメント部に移ることになる。

「ネジは新しく生み出すところじゃなくて、何かと何かをつなぎ合わせたらこうできるっていうところに長けている。イチから生み出すことにそれほど期待してないよ」

池田からはそう言われてきた。

何かと何かをつなぎ合わせる？

別にエンタテインメントが好きだったわけじゃない。「どうして俺がこの仕事を」と、はてなマークが浮かびながらも、とにかく目の前のことをやっていくしかなかった。

心掛けたのは「何かモチーフを探せ」。

２０１６年2月には渡米してＮＦＬのスーパーボウルを観戦した。世界的なスーパーイベントに圧倒された。大型ビジョンにはスーパーボウルの歴史やインタビューが映し出され、レディ・ガガの国歌斉唱にも体が震えた。

ベイスターズとスーパーボウルをつなぎ合わせてみる。２０１６年の横浜スタジアム開幕戦では、スタジアム上空にヘリコプターを飛ばせ、空撮の映像をビジョンに流す。白馬を登場させ、花火と炎に包まれたゲートを選手たちが入場してくるという演出を試みた。

始球式のない野心的なセレモニーは、衝撃度も大きかった。祢寝なりにおぼろげに方向性が見えた気がした。３回裏にマシーンから放たれたボールを来場者がキャッチする「ドッカーン！FLYCATCH」もアメリカ仕込みだ。

こだわるなら、どこまでもこだわれ。

世界のエンタテインメントから学ぶことは多かった。何も知らなかっただけに乾いたスポンジのように吸収した。

流す曲一つにも池田はこだわっていたという。試合後に流す音楽としてモトリー・クルーの名曲「ホーム・スイート・ホーム」が選ばれた。

「会社の社長室に行って、ああでもない、こうでもないって言いながら。iTunesにいっぱいダウンロードして。凄い数を聞きましたよ。誰もが知らない曲だと、（用意した）自分たちが気持ちいいだけ。３人中２人くらいは聞いたことがある曲で、これ流れたらおうちに帰りたいって思えるものを選んでいきました」

エンタテインメントを提供していく面白さに、段々とハマっていく自分がいた。

7　小川愛（現在はビジネス統括本部エンタテイメント部演出グループグループリーダー）

あまり音楽に詳しくない祢寝宗吾に代わって、池田のセンスにも合いそうな曲をセレクトしていたのが球場演出を担っていた小川愛だった。

「空間のなかに音楽は絶対に必要だなって思っていて、（演出においても）こだわるべきだと思っていました」

作詞・森雪之丞、作曲・布袋寅泰というビッグネームによって作成された応援歌「勇者の遺伝子」が生まれたのも小川が一枚絡んでいる。担当マネージャーを知っていたことでアポイントを取って社長の池田純とともにお願いに出向き、実現させている。

音は、絶対に必要。それも、状況に応じてセレクトする。試合前、雨の日には雨に合った曲を、負けが続いているときは明るくなるような曲を。連勝していったらもっとノリノリになる曲を。勝利すれば、音と花火とムービングライトを織り交ぜたショー「Victory Celebration」が繰り広げられる。

「お客さまが〝最後に花火まで見られて良かったね〟と思って帰ってもらうまでがベイスターズのチケットを買った人の楽しみ方になります。そのセレブレーション用の音楽を考えるのもまた楽しい。たとえば今月は、昔のディスコ調にしちゃおうとか。曲を決めたら尺を調整して、花火と照明に入れ込んでいく。用意したけど負け続きのときは、会社の人に〝全然聞けないね〟って同情されることもあります」

ベイスターズきっての音、映像の魔術師。

小川はＴＢＳが親会社だった２００８年に入社。ＴＢＳでスポーツ中継を担当していたときに、広報として呼ばれた。中継の仕事はチーム広報とのやり取りも多く、中継側の事情も把握していたため。とはいえ野球以外のサッカー、ボクシング、バスケットなどがメーンだったため「どうして私が呼ばれたんだろう？」と首をひねりながらの〝完全移籍〟ではあった。

小川がＴＢＳ時代、のめり込んでいたのはボクシング。ボクサーは世界チャンピオンになったところで強烈なインパクトがないと知名度は上がっていかない。良くも悪くも、どう自分たちを見せていくかを少なからず考えていたし、つくり手側もどう見せていくかを考えなければならなかった。だがベイスターズに入ってみて、球団が選手たちをどうやって売り出していくかという発想自体が乏しかったことに驚いた。

「悪く言えば、選手サマサマで、選手を持ち上げるだけで何かプロモーションをすることもあまりない。上司には〝ブランディングをもう少し考えていかないと、この先残っていかないと思いますよ〟と伝えたようには思います」

プロ野球事情を知らないちょっと生意気な元テレビマンの球団広報。良かれと思っての発言も「きのうきょう来た人間が言うな」とあからさまに嫌な顔をされた。でも逆にモチベーションが高まった。ここに呼ばれたのも何かの縁。自分の考えていることが、間違いじゃないと示したいと思った。

何か自分がこれまでやってきたことを活かせるんじゃないか。

小川は球団の許可を取って、デジカメを購入して自分でチーム内部を撮影するようになる。ゲームのときに入ることはできなかったが、2009年ドラフトで1位指名された筒香嘉智の入団会見や尾花高夫監督の船上就任会見にカメラを入れた。会見の前後の様子など、ドキュメンタリーを撮るように。

監督、選手をコンテンツに、映像を集めておく。貴重な資料となるばかりでなく、メディアへの提供も可能だ。この取り組みは球団内でも評価されていき、「小川カメラ」は定着していく。のちにDeNA体制になって球団オフィシャルカメラがチームの舞台裏に迫るドキュメンタリー作品「ダグアウトの向こう」、「FOR REAL」につながる〝始まりの一手〟であった。

経営がTBSからDeNAに切り替わった際、TBS時代から理解を示してくれた上司が去ったこともあって、一時は会社をやめることを考えていた。だがその上司に相談すると「あなたは残ってください」と諭された。新体制にとって小川が欠かせない戦力になるということを、分かっていたのかもしれない。

球団が一気に変わっていく感じがした。チームを売り出していくには何でもやる精神に触れて、小川自身も「もっとやりたいことがやれそう」というマインドに切り替わっていく。

2013年5月の「1000万円チケット」は小川の提案だった。

リムジンでのお出迎え、ヘリコプターでの横浜上空クルーズに、練習見学、特等席での観戦、中華街でのディナー、スイートルーム宿泊など、ＶＩＰサービスが詰まったチケット。

「安いチケットはいくらでもあるのに、メチャクチャ高いチケットがないから、やってみませんかって言った記憶があります。美容院で雑誌をめくっているときに思いついたんですよね。ヘリのクルーズとか、高級グルメとか、ベイスターズと絡めて一日でやってみたら面白いんじゃないかって」

面白いと思ってくれたら、周りも一緒に面白がって盛り上がる。球団内部に向けられていたパワーは、職員たちと一緒に外に向けていく。楽しくて仕方がなくなっていた。ニコニコ動画での試合中継配信に踏み切る際もアドバイスを求められるなど存在感を見せていくなかで、エンタメの仕事に傾注していくようになる。音と映像を駆使してファンを楽しませていくのが、小川の日課になっていく。

ドローンを登場させた２０１８年の開幕戦では祢寝とタッグを組んだ。観客の度肝を抜く演出ではあったものの、満足はしていなかった。

8　継承と革新

ドローンでもうひと勝負。

それが祢寝宗吾と小川愛の共通した願いだった。そしてチャンスは訪れる。真夏の一大イベント、2019年「STAR☆NIGHT」の目玉として試合後の演出に採用されたのだ。
これ、自分たちでやってみようよ。

業者に依頼してつくってもらうのではなく、あくまで自分たち主導で。だって何年も、横浜スタジアムで手掛けてきたじゃん。小川の提案に、祢寝も同意した。球団も「じゃあ任せた」と預けてくれた。それでなきゃ、ベイスターズじゃないじゃん。

2018年開幕のイベントで運営してもらった会社に「今度は自前でやってみます」と仁義を切ったうえで、祢寝はまず100機のドローン調達に動く。前回も演出を担当した「SKYMAGIC」にお願いをして、音、花火、ライトの構成は小川が中心になって祢寝とイチからつくり上げた。

小川は言う。

「かなり綿密にやりましたね。音はイチから作曲してもらって、ここに静かな曲調を入れて花火が打ち上がりますとか、暗くしておいた照明をどんどん明るくしていくので、ここは盛り上げてくださいとか7分半の音も細かくオーダーしました」

名づけて「STAR☆NIGHT VOYAGE」。まさに宇宙への航海の世界観があった。

空中に広がる100機のドローンが、宇宙の星々のように光を放ち、音楽に合わせて隊列を変えていく。天の川が広がったところで花火が飛び出して、土星が浮かび上がる。そしてベイスターズの「B」、その隣に「☆」、70周年の「70」と畳みかける。立体的に動くビッグスターから、そして最後にはブルーの「☆」がグラウンドに落ちていくという演出。アレックス・ラミレス監督が映像に出てきて「I☆（LOVE）YOKOHAMA」で締めくくると、割れんばかりの歓声と拍手がスタジアムを包んだ。大成功だった。

自分たちでやってみる、自分たちで楽しむ。

これは２０１６年限りで球団社長を退任した池田純から教わったことでもあった。小川が言葉を続ける。

「ボールパークなので野球以外でも楽しんでもらわなきゃいけない。バズんなきゃいけないっていうプレッシャーはあっても、まずは自分で楽しまなきゃって思っています。トライする精神は、引き続き持たせてもらっています。そもそも仕事のために生きているわけじゃないですからね。楽しめることがここにはあるっていうことです。やりたいことやらせてもらって、お金を使わせてもらって、お客さまの喜ぶ顔を見ることができて。こんな仕事環境ってなかなかないんじゃないですかね」

次に、祢寝が言葉をつなぐ。

「岡村さんになってより自主性に重きを置いてやるような雰囲気になっていますからね。自分でやりたいことを分かってもらえれば、企画も通してもらいやすい。だけどその分、責任というのもももっとでてきているように感じます」

池田イズムもあり、そして次に球団社長に就任した岡村信悟の岡村イズムもあり。

ドローン演出にも、ベイスターズの「継承と革新」があった。

2020年6月19日。

いつもにぎわっていた横浜スタジアムのスタンドに、人影はなかった。

新型コロナウイルス感染拡大の影響によって無観客でシーズンが開幕することになった。広島東洋カープを迎えての一戦。小川は忙しく動き回っていた。

大型ビジョンにはファンの応援する姿が映し出されていた。

「オンラインハマスタ」というオンライン観戦会に参加したファンがタオルを掲げ、ファンによる応援歌が流れる。ライトスタンドには約1万1000枚のファンの写真でつくった「I☆YOKOHAMA」のビッグフラッグがライトスタンドに掲げられ、ファンの写真とメッセージの入ったパネルも置かれた。

試合はカープに敗れたものの、540発の花火を打ち上げた。小川はその「希望の花」を見つめていた。

「ベイスターズはずっとオンラインでミーティングもやってきましたから、こうなったらこうなったで新しいものを打ち出していけるんじゃないかって。いや、できるでしょうって。あのときも楽しみながらやりましたよ。みんなとつながるんだから、つなげちゃえって」

一方の祢寝はエンタテインメントを担当する部署を離れ、飲食グループのグループリーダーを務めることになった。

ベイスターズは球団直営飲食店として「CRAFT BEER DINING &9」（横浜スタジアム横 THE BAYS（ザ・ベイス）１階）「COFFEE AND BEER &9」（ＪＲ横浜駅構内）「BALLPARK BURGER &9」（横浜スタジアム　DREAM GATE 横）の３店舗を経営している。

「これまでやってきたことを活かせるかって言われると、ちょっと難しいですよね。まったくやったことのない分野なので。とはいえ、やっていかなきゃいけないんですけどね」

最初にネガティブに捉えるのは営業でも、エンタテインメントでも同じ。きっと時間が経てば、俺流に染めていくのだろう。

「正直に言って人を喜ばせたいというよりは、自分が楽しんでそれがイコールになればいい。これってある意味、自分の課題なのかもしれませんけどね。会社として本音と建て前の使い方が非常にうまい。嫌らしいっちゃ嫌らしい会社なんです（笑）」

ベイスターズと祢寝がどことなくかぶるようで、かぶらないようで。

何かと何かをつなぎ合わせたら……。

小川のように与えられた環境を楽しもうとは思っている。それができる環境であることも知っている。

第8プロジェクト

「横浜一心を実現させろ」

1　三浦大輔（横浜DeNAベイスターズ監督）

２０２０年11月17日。

ベイスターズの公式サイトには三浦大輔新監督の発表と、「横浜愛、三浦新監督」の動画が貼りつけられていた。

髪型を代名詞のリーゼントにセットして、晴天のもと愛車ベンツを走らせて記者会見場へと向かう番長。横浜スタジアム、ベイブリッジ、ランドマークタワー……横浜の街並みをバックに、レゲエ調のサウンドが彼の決意にエッジを効かせる。動画のなかで番長は語る。

「（就任が）早いってことは〝ちょうどいい時期っていつ？〟って思ってしまうし、叩かれるの嫌だからマウンドに上がりたくないって思ったことは現役のころ一度もなかったですから。まあそんなこと気にしていたら何もできないなって突き進んでいくしかないと、楽しみもあるし、不安もあるし、いろんな気持ちが入り乱れてますね。

１９９８年に優勝したときに、街全体でもう凄かったですから、優勝ってうれしいことなんだと、こんなにいいもんなんだと、監督という立場で、もう一回優勝したい。もうその思いだけですよ。人生の半分以上もう横浜やからね。大好きですよ。ずっと戦ってきた場所だから、自分にとっては最高の街ですよ。良いときも悪いときも苦しいときも信じて応援してくれたファンがいたから、頑張れたっていうのは大きいかな。

三浦大輔を育ててくれた街ですよね。一人じゃ何もできないのは分かっているんで、みんなで助け合って。選手もそうですし、ファンの方も球団のスタッフもみんなそうですけど。届けたいんじゃないですよ、一緒につかみたいんですよね、僕のなかでは。感動を与えたいというよりも、一緒に感動したいんですよ」

車を降り、メディアが集う就任会見の場へ。背番号は現役時代からつけてきた「18」をひっくり返した「81」に決まった。

ベイスターズのスローガンは中畑清監督以降、指揮官が考えてきた。一緒につかむ、一緒に感動すると語った三浦は「横浜一心」を掲げた。選手も、ファンも、スタッフも、街もすべて。ベイスターズを取り巻くあらゆるものが一つになってこそ本当の力が出る。

三浦は横浜大洋ホエールズ時代の１９９１年ドラフト5位で入団。初めてのリーグ優勝、日本一も、低迷から抜け出せない暗黒時代も、ＦＡに揺れた時期も、吸いも甘いもすべてこの横浜で経験してきた。

通算１７２勝１８４敗。一つの勝ち、一つの負けにも、ファンとともに喜び、ファンとともに悔しがった。叩かれようが、何が起きようがマウンドに上がり続けてきた。経営がマルハからＴＢＳに変わろうが、ＤｅＮＡに移ろうが、番長はベイスターズの誇りを守り続けてきた。

２０１１年末にさかのぼる。

経営譲渡先がようやく決まった。候補の企業が挙がっては消え、挙がっては消え。その繰り返しだったため、チーム最年長投手、37歳の三浦はホッとする気持ちもあったものの、複雑な気持ちは拭えなかった。「モバゲー」と言われても、DeNAがいかなる会社なのかも分からない。それよりも何よりも、チームが強かったら身売り話なんて出ないだろうと思うと、何とも言葉に表現しづらい感情が渦巻いていた。

球団からいろいろと話を聞かせてほしいとの打診を受けた。もちろん断る理由なんてないし、選手側の意見を聞いてもらう機会を与えてくれて逆に感謝した。

目の前には、池田純社長がいた。自分よりも年齢の若い人が球団のトップに立つと思うと、いささか不思議な感じがした。

「僕たち選手としても、強くなりたいと思っていますし、優勝したいです。FAになった選手、ドラフトに掛かるアマチュアの選手がウチに来たいと思うような魅力あるチームになれば、ウチでもFAの選手が残りたいって思うでしょうし。そのために、球団をいろいろと変えていってほしいです」

思いのたけを「年下で喋りやすかった」池田にすべてぶつけていた。新社長もまた「どんどんやらせてもらいます」と約束してくれた。何か新しいことが始まりそうな予感があった。

新監督として中畑清がやってきた。

2004年のアテネオリンピックではコーチと選手という立場で「濃い時間を過ごした」。三浦もビックリするほどの注目度だった。沖縄・宜野湾での春季キャンプではメディアの数も、ファンの数もこれまでには考えられないほど。効果を感じずにはいられなかった。

「ファンの方に見てもらっているから、こっちだっていい格好したいし、もうひと踏ん張りができますからね」

最年長となっても人気はナンバーワンだ。ブルペンと室内練習場の隣にあるグッズ売り場前には長蛇の列ができた。練習後、列に並んでくれた人に対して基本的に全員サインするのが流儀。週末になれば1時間以上を要することもあった。それでも笑顔を向けながらペンを走らせた。最年長者の背中を見て、後輩たちも同じように熱心にやるようになった。

ファンサービスはしっかりやらなきゃ。昔からやっていたほうではあったが、ここまで至るには一つのきっかけがあった。

２００４年９月18、19日の両日に決行した労組・日本プロ野球選手会によるストライキ。10球団の１リーグ制が持ち上がったことを受け、選手会側はオリックスブルーウェーブと大阪近鉄バファローズの合併１年凍結、12球団維持を目的に翌年からの新規参入の認可、近鉄とオリックスの選手の移籍自由化を求めた。しかし労使交渉がまとまらなかったことを受けて断腸の思いでストライキに入り、計12試合が中止となった。

ベイスターズは横浜スタジアムで広島東洋カープとの試合を予定していた。選手会の役員を務めていた三浦は、カープの選手会役員に連絡を入れて球場でサイン会をすることにした。これが大きな注目を集めた。

「ストライキなんて本当はやりたくないけど、やるしかなかった。でもファンのことを考えると、その日だけのチケットを持っている人もいるでしょうし、何かやれることはないかって考えて広島の役員とも話をして、急きょサイン会をしようと。でも今みたいにSNSが流行していた時代じゃなかったから、メディアに伝えて情報発信してもらって。正直、ファンの人には怒られると思っていたんです。でもみんな『選手会頑張れ』『応援してます』って。あれはうれしかったですね。プロ野球はファンの人に支えられているって、あらためて痛感させられたと言いますか。そこからですね。もっと当たり前に、ファンサービスをやっていかなきゃダメだって。通常の試合でも、しっかりやっていかなきゃっていう思いになりましたね」

球場の開門直後、練習から引き上げる際に三浦がファン対応している姿は恒例となった。

1998年のセ・リーグ優勝、日本一から徐々に来場者が減り、閑古鳥が鳴く光景は日常化していた。三浦もその責任の一端を感じるとともに、ずっと危機感を抱いてきた。

経営陣が交代して中畑人気で注目度も上がっている。ここは千載一遇のチャンスであるとも考えた。

三浦自身、ここ2年は思うような成績を残せていなかった。2010年は3勝、翌年は5勝止まり。「先発をやれなくなったら身の引きどき」とする彼ゆえ、引退がちらついた時期もあった。

2012年シーズンに懸ける思いは人一倍強かった。

３年ぶりの開幕投手には届かなかったものの、阪神タイガースとの開幕第３戦で先発のマウンドに上がった。ここまで１敗１分け。ＤｅＮＡ体制初勝利が懸かっていた。

「チームが勝てないまま僕のところに回ってきたので、気持ちが入りましたね。よし、やってやろうって」

４月１日、京セラドーム。三浦は７回２失点の好投でチームを初勝利に導いた。

中畑が泣いていた。目を真っ赤に腫らしていた。アテネオリンピックの３位決定戦のときもそうだった。

指揮官からの期待はうれしかった。「15勝してほしい」とのノルマは、三浦の復活を信じていたからこその言葉であった。チーム戦力が乏しいのは分かっている。それでもみんながこの弱小球団を変えようとしている。

５月12日、横浜スタジアムでの阪神タイガース戦。三浦はあと３人でノーヒットノーランという快投を披露。中畑からは「大神様」とあがめられ、７月４日の読売ジャイアンツ戦でプロ通算１５０勝を達成した。低迷するチームの勝ち頭として何とか引っ張っていこうとした。

スタジアムの演出も最初こそ違和感が拭えなかったが、来場者を増やしていこうと球団職員が必死になって頑張っていることは伝わってきた。

「試合前、イニング間、試合後と、いろんなことやるんだなって思いましたよ。勝ち負けという結果があるのに、試合後にイベントをやるっていう発想は、考えたこともなかった。負けたときにやったらファンも喜べないだろうし、逆に怒られるんじゃないかって。でも球団としては、一生懸命にやって勝てなくても、せっかくスタジアムに来たんだから試合以外でも思い出をつくってもらおう、と。なるほどなって思いました」

　選手会と球団の話し合いはこれまでも定期的にやってはいたものの、ＤｅＮＡになってからそれが月1回というハイペースになった。三浦が言葉を続ける。

「すべてにおいてこれまでとスピード感が違いましたね。たとえばロッカーをこうしてほしいと要望を伝えると、球団でＯＫが出るとすぐにやってもらえるし、逆にできない場合は理由をちゃんと説明してくれる。経営の状況も教えてもらえますから、だから選手の間でも〝ここは我慢しよう〟ってなるわけです。球団が考えるファンサービスも、これまでならシーズン中だからってストップしていたものを、どこまでなら可能なのかっていう話し合いになってくるわけです。無理なら無理と伝えますけど、確かに、ここまでならやれるな、とか、むしろ選手会からの案も出てくる。球団側とチーム側の新しい関係みたいなものが生まれていくような感覚もありました」

　ＤｅＮＡがもたらした新しい風は、ファンを大事にする三浦のマインドとも重なるものだった。実力も、人気も上げていく。モチベーションをくすぐられた三浦は２０１２年シーズン、３年ぶりとなる２ケタ勝利には届かなかったものの、９勝をマークする。翌年もローテーションの一角を守って９勝。奮闘するベテランの姿があった。２０１５年シーズンには23年連続勝利を達成してプロ野球記録に並んだ。

中畑の退任に伴い、チームメイトであったアレックス・ラミレスが監督に就任した２０１６年シーズン。42歳の三浦は選手兼投手コーチとして調整を続けながら、遠征にも帯同していた。井納翔一、今永昇太、石田健大ら若手がローテーションの軸を担うようになり、砂田毅樹らの台頭もあって三浦の出番は7月11日の中日ドラゴンズ戦まで待たなければならなかった。

だがこの試合で4回6失点と打ち込まれ、次のチャンスはなかなか巡ってはこなかった。先発をやれなくなったら身の引きどき。心のなかで引退を決め、家族にも伝えた。

クライマックスシリーズ初出場に向けて盛り上がりを見せているなか、9月16日、阪神戦での先発登板が決まった。

一軍への昇格に際して三浦は社長の池田にコンタクトを取り、「今シーズン限りでユニフォームを脱ぎます」と引退を告げた。そして、こうお願いした。

「このことは阪神戦での登板が終わるまで黙っておいてください。最後までいつもどおり真剣勝負がしたいんです」

真剣勝負。引退があかるみに出てしまうと、「いつもどおり」ではなくなってしまう。池田は深くうなずいたという。

三浦と家族と池田しか知らない引退の決断。

甲子園のマウンドに立った三浦はいつもどおり気迫の投球を見せる。初回に2点を失ったものの、その後持ち直したのはさすがであった。５回途中に降板となって１－２で試合を落としたものの、背番号18が大きな存在であることに変わりはなかった。

試合後、宿舎に移動したところで高田繁GM、ラミレス監督に引退の意思を伝え、その次に篠原貴行、木塚敦志の投手コーチと会って話をした。

「コーチは2人とも年下でしたから、かなり気を遣わせたんじゃないかと思うんです。しんどかっただろうな、と。だから先に伝えておきたかったんです」

チームメイトには、19日に広島に勝って初のクライマックスシリーズ出場を決めた後に伝えた。そして翌20日に引退会見が行なわれ、球団から正式に発表された。

雲行きの怪しい夕空も三浦のために大泣きすることを我慢していた。

シーズン最終戦となる9月29日、東京ヤクルトスワローズ戦。一度雨で流れた三浦の引退試合とあって、横浜スタジアムは、いや街全体が番長一色になっていた。三浦のフラッグが舞い、「永遠番長」の巨大ポスターの前には記念撮影の行列ができていた。引退記念グッズ売り場は整理券が配られるほどごった返した。チームは練習で「18」のTシャツを着込み、試合でも「18」のユニフォームを全員が着用した。

試合日は朝、ジョギングして体を慣らす。そのルーティンは変わらない。走り込みの人はその姿勢を最後まで貫いた。

集大成のラスト登板は136㎞のストレートから始まった。初回、1点を失いながらもウラディミール・バレンティンを見逃し三振で片づけた。アウトローにビシッと決めた。最後の最後まで、真剣勝負を求めた。その炎に触れると「三浦さんのために」とベイスターズだけでなく、スワローズまでもが熱くなる。

やられたらやり返す、その応酬。6回表、満塁からタイムリーを打たれても続投してアウトを重ねた。計10点を失った。打たれても打たれても、立ち向かっていく姿は美しく、気高く、そして観る者の心を掴んで離さなかった。

さすがにここで終わりかと思いきや、バッターボックスに入った。大きな拍手に包まれながらの最後の打席は、センターフライだった。

そしてまたマウンドに上がる。

5番・雄平を2ストライクに追い込み、119球目の137kmのストレートにバットが空を切る。25年のプロ生活にピリオドを打つと、三浦は帽子を取って深々と一礼した。マウンドに駆け寄ってきたチームメイトに一人ひとり握手をして、抱き合って、ボールをラミレス監督に預けた。

あのときを、三浦はこう述懐する。

「いつもと同じように絶対に勝ってやろうと思ってマウンドに上がりました。いきなり点を取られましたけど、チームメイトがすぐに取り返してくれてね。みんなの思いに応えたいって思って投げました。抑えるだけの力が残っていなかった。でも抑えたかった。6回表が終わって、球数も投げていましたからここまでだなと思っていたら、ラミレス監督のご配慮で打たせてもらって、そしてもう1回マウンドに上がれて。最高の終わり方をさせてもらいました」

マウンドには白いマイクスタンドと真っ白のマイクが用意されていた。根っからの矢沢永吉ファンである番長のために、マイク一つ取ってもこだわっていた。職員からの愛情と感謝が隅々にまで行き届いていた。

場内が暗転すると入団からの足跡が大型ビジョンに映し出され、権藤博、佐々木主浩、チームメイト、ファン、スカウト、スコアラーと多くの人の証言をもとに、偉大なる18番の歴史をたどっていく。

スタジアムに「18」の文字が浮かび上がるなか、三浦は白いマイクの前に立った。

「楽しいこともいっぱいありました。勝って僕が喜んでいる以上にみなさんが喜んでくれて、僕はそれを見てまた喜んでいました。しかしそれ以上にいっぱい負けました。きょうも最後の最後までみなさんに迷惑を掛けて本当に申し訳なかったと思います。苦しいこともいっぱいありました。心が折れそうなこともいっぱいありました。でも頑張ってこられたのはみなさんが背中を押してくれて声援を送ってくれたおかげで、ここまで倒れずに前を向いて一歩ずつ踏みしめてこられました。本当にありがとうございます。

たくさんの人に愛されたと思っています。感謝しています。いろいろ考えてきたんですけど、頭のなかが真っ白です。今は最高に気分がいいです。できることならこのまま時間が止まってくれればなと思っています。でもチームはクライマックスシリーズが控えています。やっとクライマックスシリーズに出られます。どんどんチームが変わってきて苦しかったときを乗り越えてやっと、横浜ＤｅＮＡベイスターズ、いいチームになっただろとみんなに自慢できます。

これからも三浦大輔はずっと横浜です。ヨロシク！！　ありがとうございました！」

拍手と歓声を一身に浴びて、三浦は四方に礼をした。


最後にサプライズが待っていた。

ビジョンには、憧れた永ちゃんがいた。

「ハマの番長こと三浦投手、横浜一筋25年、このたびは本当にご苦労さまです。一口で25年と言いますけど、本当に凄いことだと思います。やっぱりブレずに一つのことをずっと、頑張っていったってことですね。現役はこのたび引退することになったわけですけど、野球人生はまだまだ続けていくと聞きました。素晴らしいなと思います。頑張ってください」

球団からの粋なプレゼントだった。

番長は感謝する。

「あれは知らなかったです。中学のころから矢沢永吉さんを大好きで、まさか自分だけにメッセージをくれるなんて思ってもみなかった。ブレずに頑張ったって言ってもらえて、野球をやってきてよかったなって心から思いました」

時間よ、止まれ。

番長も、チームメイトも、ファンも、職員もスタッフもみんながそう思っていた。

笑顔と涙に包まれた９・29。

それは永遠に刻み込まれた、横浜スタジアムにとって忘れられない長い夜になった。

2 横浜一心

ハマの番長はアメリカにいた。

25年の現役生活にピリオドを打った三浦大輔はベイスターズの「スペシャルアドバイザー」に就任して、幼稚園・保育園児向けの「Tボール」をアレンジした「BTボール」の開発に携わるなど、チームから離れた活動に取り組んでいた。その一環として球団にリクエストしていたアメリカ視察が実現したのだ。

「すぐにコーチの話もいただきました。でも18歳で横浜に出てきて、25年間ずっとユニフォームを着続けましたから、ちょっとゆっくりしたい、と。横浜一筋って言うと、凄く響きはいいんですけど、外の野球をまったく知らない。それで球団が新しい肩書きを用意してくれました。そのときにメジャー、マイナーをこの機会に自分の目で見ておきたいとお願いしておいたんです」

2017年6月、チームメイトだったスティーブン・ランドルフの紹介でアリゾナ・ダイヤモンドバックスの投手コーチに接触するところから視察は始まった。次に、フェニックスにあるシカゴ・カブスのキャンプ施設を訪れ、ルーキーリーグを観戦。そしてアイオワに飛んで、今度はAAA（トリプルエー）。強行スケジュールでアメリカとベースボールを堪能した。そして今度はカブスの本拠地リグレー・フィールドに向かう。MLBではフェンウェイ・パークに次いで2番目に古い1914年開場のスタジアムを目にすると感動を覚えた。

スタジアムの周りにはにぎわいがあった。老若男女問わず集まってきては、ビールを手にベースボールの話をしている人、キャッチボールをする子供たち、街はベースボールであふれていた。カブスの厚意でスタジアム内も案内してもらった。ロッカー、ダグアウト、通路にはチャンピオンパネルなどチームの歴史を感じることができた。グラウンドに出たとき、思わず「うわっ」と声が出た。

「小さいころ、父親に甲子園球場に連れていってもらったときに、コンコースから階段を上がってスタンドに出たときの記憶が頭に残っていて、それを思い出しました。目の前にきれいな緑が広がって、ナイターの照明に照らされて。選手になってもそれは変わらないと言いますか、非日常空間だからこそ楽しめる。誇りを持って戦える。そうだよなって思いましたね」

非日常空間だからこそ楽しんで、誇りを持って……。

野球選手として大切なこと。アメリカにいながらも、野球に熱中した少年のころがフラッシュバックする不思議な感覚に包まれた。野球をする意味、野球の原点を思った。最後はイリノイのピオリアに向かってＡ（シングルエー）のチーフスを視察した。監督や投手コーチからもじっくりと話を聞くことができた。

若い選手たちを見ながら、昔の自分を見ていた。

「シングルエーですから、激しい競争のある厳しい世界ですよ。でも選手たちはベースボールを楽しんでいましたね。僕も昔を思い出しました。少年時代、近所の子供たちと真っ暗になるまで野球をやって楽しかったなって。ボールが見えなくなるまでやっていましたから。本格的にやっていくようになると、監督さんからいっぱい怒られて苦痛になってしまって、やめた子供たちもいっぱいいいました。やっぱりベースボールも野球も、楽しまなきゃいけないよなって」

野球から距離を置き、外から本場のベースボールを見て、また中に入っていきたいと思えた。指導者になって、選手たちと一緒になって野球がしたいと思えた。その覚悟を決めることができた旅でもあった。

「メジャーの監督、コーチ、マイナーの監督、コーチにそれぞれ、指導者として大切にしていることは何ですか？　と聞いたんです。そうしたら全員がコミュニケーションだよ、と。選手はみんな自分の携帯番号を知っていて、連絡を取れるようにしているって。そこが大事なんだって、あらためて気づかせてもらえました」

コミュニケーションともう一つ、誇りを持たせること。

ピオリア・チーフスの施設内には精密機械と称されたあのグレッグ・マダックスの写真が貼られてあった。

「マダックスにも君たちのようなマイナー時代があった。頑張ればマダックスのようになれる」

そんなメッセージがあるのだと説明してくれた。

このチームの一員であることの誇り、ここにマダックスがいたことの誇り。それが選手たちのパワーを生み出すのだ、と。それはチーフスのファンも、指導者もみんな同じ。誇りを持って生きていた。

外を見ることで、もっと中が見えてくる。

わずか10日間のアメリカ視察ではあったが、いろいろと整理できた。ベイスターズの『コミュニティボールパーク』化構想も、横浜スポーツタウン構想も、チームが進めているＩＴ化も、そして横浜スタジアムのポテンシャルも。

「プロに入ってハマスタに初めて足を踏み入れたときは、フェンスが高くて、凄い球場だなって思いましたけど、投げているときは何て狭い球場なんだ、と（笑）。でもスタンドはカクテル光線があったり、花火があったり、ボールパークとして楽しんでもらえる空間。カブスのリグレー・フィールドに似ているなって感じました。どんどんきれいになっているけど古い面影を残して、街に溶け込むことを忘れないというか。地域を大切にする姿勢が伝わってきました。俺たちの街にこのスタジアムがあるんだっていうファンの誇り。みんなで一緒になって戦っているんだなと思いました」

２年間のスペシャルアドバイザーを終えて、三浦は２０１９年シーズン、チームに復帰する。現役のころと同じ背番号「18」を身につけ、一軍投手コーチに就任。前年より完投数をアップさせるなどＤｅＮＡ体制になって最高位となるリーグ２位に貢献して、２０２０年にはファーム監督を務めた。38年ぶりとなるイースタン・リーグ優勝はならなかったものの、東北楽天ゴールデンイーグルスに２ゲーム差の２位でシーズンを終えた。細川成也、阪口皓亮、ドラフト１位の森敬斗ら若手の芽をグイと伸ばした。

この背景にはファーム施設の充実もある。屋内、屋外練習場を整備した「DOCK OF BAYSTARS YOKOSUKA」が横須賀スタジアムのある追浜公園内に完成し、2020年には若手選手寮「青星寮」が新設された。育成選手をチームレジェンドの鈴木尚典が監督を務めるルートインBCリーグの神奈川フューチャードリームスに派遣。育成に重点を置いてきた成果が2020年シーズンにあらわれていた。

三浦は言う。

「投手コーチの経験も、ファーム監督の経験もどちらも大きかったですね。選手に対してどうアプローチしていくかがとても大切で、投手コーチのときに、自分の感覚を言語化して教えるって凄く難しいなと感じました。同じことを2人のピッチャーに伝えても、捉え方が違ったりしますから。そこのコミュニケーションですよね。ファーム監督は、チームとして束ねていくにはどうすればいいのか。教えるのは基本的にコーチたちですから、信頼して任せないといけない。そのためにはコーチとコミュニケーションを取っていかないといけない。信頼関係を築くには、普段からの積み重ねが大事だというのは、アメリカに行って学べたこと」

球団の人材開発グループからの指示で、ファーム監督時代から座学であるリーダー講習もしっかりと受けてきた。人材開発グループのグループリーダーを務める桑原義行が「こんなにやってもらっていいのかっていうくらいの研修を、三浦さんには率先してやっていただいた」というほど。リーダーとは、言語化とは、コミュニケーションとは。一から学んできたことを積み上げて、2021年シーズンから一軍の監督を務めることになった。

高校時代に教えられたことが胸に残っている。

「信頼というものは一瞬で崩れるもの。取り戻すには時間が掛かる。崩れないためには積み上げていくしかない。そうなれば信頼はどんどん強くなる」

選手、コーチと真摯に向き合い、お互いに積み上げていく意識を持てば、きっとその絆は強くなる。三浦はそう信じている。

横浜一心に込めた思い。

「一軍だけ、ファームだけ頑張ればいいという話じゃない。選手も、コーチも、スタッフも職員も、僕自身も。しっかりと連携を取っていけば、このチームは絶対に強くなる。一旦チームから離れて外の世界を見ていなかったら、投手コーチとファーム監督をやっていなかったら、横浜一心というフレーズは出てこなかったと思うんですよ。

イメージとしては大きな船のなかには船員さんもいれば、料理をつくってくれる人もいれば、掃除してくれる人、エンタメを担当する人、いろんな人たちがいる。そこに楽しんでくれて、一緒に旅をしてくれるお客さんがいる。みんなが同じ船に乗って、進んでいる。全員の思いが一つだったら、それって素晴らしいことじゃないですか。そんな思いを込めて、横浜一心にしたんです」

継承と革新を刻んだ永遠番長が舵を握る新しい航海。

ときに嵐だって待っているだろう。洋上をさまようことだってあるだろう。

だがこの大きな船に乗り込んだ人々の思いが一つならば、逆風の次にはきっと順風が舞い込む。

先を照らす陽光が射し込む。

横浜港から大海原へ。

一つになってこそたどり着ける、その場所へ――。

おわりに

あの約束を果たすときがやってきた。

2019年シーズン、DeNA体制になって8年。71勝69敗3分けの成績で2位に食い込み、初めて横浜スタジアムでクライマックスシリーズ開催権を手にした。

この年取締役副社長になった木村洋太には、ずっと心に引っ掛かっていたことがあった。

「あれ、復活できないかな。クライマックスシリーズなんて全然、現実的じゃないときに買ってもらっているんだから」

広報部長の河村康博はすぐにピンと来た。

「はい、あれですよね。いいですね。早速動いてみましょうか」

あれ、とはDeNA1年目の2012年シーズン、最終戦に発売した「～感謝、そして夢～新・熱いぜ！チケット」。内野指定SS席のペア観戦券購入者は一人1000円ずつプラスすれば16年シーズンまでに横浜スタジアムでクライマックスシリーズを開催できた場合、ペア観戦券がついてくるというものだ。

中畑ベイスターズの1年目は、断トツ最下位という状況。ファンは試されたわけである。

こんなに弱っちいのに、買うわけないじゃん。

そんな声が聞こえてくることも覚悟していた。強いチーム、人気チームにしていくという覚悟。

そこに実行力と説得力がなければ、ファンの心には絶対に響かない。高田繁GM、中畑清監督を招き、斬新なイベントやチケットを企画してファンの心を粘り強くノックした。ワクワクと、ドキドキと。ベイスターズは変わるんだと、その魂を込めた自己主張を、受け入れようとするファンは想像した以上だった。

50組100名のチケットは完売した。木村にとって、いやベイスターズ全体にとってそれは「支持表明」と受け取ることができた。自分たちが思っていることを、迷わず進めていけばいいんだと思うことができた。

2016年までに実現はできなかった。チケットの権利も失効してしまった。だが2位以内に入ってホーム開催権を得たら、必ずや復活させたいと木村は考えていた。

50組の購入リストを残していたため、全員に連絡を取って試合に招待しようとした。球団は中畑をゲストに呼び、試合前に贈呈式を行なった。

「みんな貴重な人。普通ならあきらめてるぞ！」

中畑がそう言って笑うと、チケットを受け取ったファンも笑った。贈呈式に立ち会った木村も、河村も笑った。

中畑も熱い、ファンも熱い。そして職員だって熱い。一時的な熱ではなく、持続可能な熱としてきた。

なぜ、そうできるのかと言えば、ベイスターズが「ハブ」になってファンも、地域も、スポンサーも、みんなを巻き込んできたから。〝元親会社〟だってそう。普通ならば関係が切れたっておかしくないのに、マルハニチロとはスポンサーシップを、ＴＢＳとは放映権契約を結んでいる。周りの熱を引き入れて持続可能なエネルギーとする土台ができ上がった。

横浜のもっと大きなシンボルになるために。

逆風が吹きつけることもある。２０２０年シーズンはコロナ禍の影響を受け、日本政府の指針に従って無観客試合や入場制限が続いた。それでもいち早くオンラインを活用してオリジナルのアバターを使って多くのファンと一緒に応援し、コミュニケーションも可能な「バーチャルハマスタ」やＺｏｏｍで楽しむ「オンラインハマスタ」を実施。「良質な非常識」をモットーに、アグレッシブに挑んでいく姿勢はしっかりと根づいていると理解できる。

チームに目を移せば、２０２０年シーズンはクライマックスシリーズに駒を進められず、アレックス・ラミレス監督が退任。球団レジェンドの三浦大輔が新監督に就任した。

外国人選手の入国が遅れ、開幕からのスタートダッシュに失敗。4月には10連敗を喫して〝借金〟が膨れ上がってしまった。最下位から抜け出せない苦しい日々が続いている。

ファンは一体、ベイスターズをどう見ているのだろうか。球団内部から見た物語をつづってきたが、外部の声も拾う必要があると感じた。

スタジアム横の「ベイスターズ通り」で会社を経営するオールドファンに聞いた。父が横浜スタジアムを設計したという深いつながりもあり、毎年シーズンシートを保有してきた筋金入りのファンである。

「負けてちゃダメ。ピッチャー出身の監督なんだから、もうちょっとピッチャーを何とかしてよって思うよ。ボンボン打たれるのはもう見たくないよ」

と、まずは負け続きの状況にピシャリ。だが、こう言葉を続ける。

「昔は、勝ったら驚いたくらいの弱小球団。１９９８年の日本一のときは凄かったけど、それからまた低迷してＤｅＮＡは火中の栗を拾ってくれた。スタジアムもそうだけど、関内駅付近やこのベイスターズ通りも若い人でにぎわいがある。球団の努力があるからだと感じるよ」

次に、横浜スタジアムに足を運んだ。ちょうど「YOKOHAMA GIRLS☆FESTIVAL 2021」を開催中。女性限定のスペシャルユニフォームに、イベントもグッズもグルメも女性ファンに喜んでもらえるような企画が多い。フォトスポットにいた20代女性２人組は「友達に連れてきてもらったときに盛り上がって、野球観戦ってめっちゃ最高と思って（ファンになった）。コロナの前までは年に30回くらい来ていますよ。特にGIRLS☆FESTIVALは好き。だって女の子が主役じゃん！」とノリノリで答えてくれた。

なるほど、この日は阪神タイガースにリードされているが、楽しそうである。結果はあまり関係なく、野球観戦を楽しむというのはベイスターズがこれまで懸命に植えつけてきたことでもある。

パパの影響で野球観戦が好きになったという小学生の女の子、男の子を連れていたママにも尋ねてみた。

「試合の結果が気になるかどうかですか？　パパはどうか分かりませんけど、私や子供たちはここに来るだけで満足。球場のこの雰囲気が好きですし、楽しいし、芝がきれい。隣には公園もありますから」

なるほど、ママも子供も楽しめる空間になっているということ。

結果にこだわるファンもいれば、球場を楽しむファンもいる。古くからのファンもいれば、新しいファンもいる。男性も女性も、大人も子供も。いろんなファンがここ横浜スタジアムに集まっている。目的は多様であっていい。

ファンはまた試されているのかもしれない。弱いベイスターズを知らない人だっている。コロナ禍によって以前のように声を出して応援できないことで心から楽しめない人だっている。そんなネガティブな状況であっても受け入れられるかどうかを。

同時にベイスターズはこれからも気を引き締めてファンの心を粘り強くノックしていかなければ「持続可能」にはなっていかない。みんなを巻き込む「ハブ」として、その存在を大きくしていかなければならない。本書を書き終えた今、ふとそんなことを考えてしまう。

球団を離職した元職員にも、話を聞くことにした。球団内部にいた人が外に出て、どんなふうに見えるのかを知っておきたかったからだ。30代後半のその人は、ベイスターズでの経験を活かして今は別の企業で働いている。

「やっぱり若いパワーがあったというか、いい意味でぶつかることができる組織でした。このコロナ禍でもオンラインでいろいろやっていて相変わらずスピード感あるなって。ただ、今はいいかもしれないですけど、みんな段々と年齢も上がってきて、これから組織としてどうなっていくんだろうっていう興味はありますね。ＤｅＮＡになったころはマーケティングで『横浜と言えば何？』と調査したら、ベイスターズは出てこなかった。広島なら上位にカープって出てくるんですけどね。でも今は、ベイスターズって出てくるんじゃないですか。横浜のシンボルになっていけばいいと思います」

元職員の心の片隅にも、ベイスターズは今もしっかりとあった。

実行力、説得力、そして愛。

周りを巻き込んで、大きな熱となって。

多くの人にインタビューしてみて、はっきりと分かったのは、ベイスターズに関わる一人ひとりの熱が、ベイスターズを変えてきたという事実。実行側の情熱が受容側であるファンを動かしてきた。受容側の熱もまた実行側を刺激していく。密接に絡まりあっていく相互関係がベイスターズの力なのだ、と確信を持った。

本書を記すにあたっては多くの方にインタビューのご協力をいただいた。横浜ＤｅＮＡベイスターズ及び横浜スタジアムからは本書のインタビュー登場順に、岡村信悟さん、青木慎哉さん、萩原龍大さん、八木直子さん、林由有子さん、桑原義行さん、鈴木淳さん、木村洋太さん、鐵智文さん、林裕幸さん、會澤裕頼さん、林優美さん、畠山準さん、河村康博さん、野田尚志さん、望月眞人さん、壁谷周介さん、三原一晃さん、進藤達哉さん、重徳眞子さん、原惇子さん、祢寝宗吾さん、小川愛さん、そして横浜ＤｅＮＡベイスターズ初代監督の中畑清さん、ＧＭを務めた高田繁さん、２０２１年シーズンから監督に就任した三浦大輔さん、この場をお借りして深く御礼申し上げます。時間が許すなら全員の方に取材させていただきたかったのですが、みなさまには球団を代表して登場していただきました。

また本書における取材をセッティングしていただき、いろいろと球団資料を用意していただいた河村康博さん、高橋美絢さんの両広報には大変お世話になりました。

強いベイスターズ愛を持つ双葉社の栗田歴さん、ブックデザインを手掛けていただいた今村亮さん、本書を記すきっかけをつくっていただいたスポーツナビの渡邊嶺さん、赤坂直人さん、関わっていただいたすべての方々に深く感謝申し上げます。一人ひとりの熱によって「ベイスターズ再建録」が完成できたことを心からうれしく思います。

２０２１年６月　二宮　寿朗

ベイスターズ再建録《さいけんろく》

―「継承《けいしょう》と革新《かくしん》」その途上《とじょう》の10年《ねん》―

2021年 6月29日 第1刷発行
2024年 11月15日 第3刷発行

著者 二宮寿朗
発行者 島野浩二
発行所 株式会社双葉社
〒162-8540 東京都新宿区東五軒町3番28号
電話 03-5261-4818（営業）
03-5261-4827（編集）
http://www.futabasha.co.jp/（双葉社の書籍・コミック・ムックが買えます）

編集 栗田歴
宣伝 長瀬亜紗子
制作協力 河村康博、髙橋美絢（横浜DeNAベイスターズ）
ウェブ連載 渡邊嶺、赤坂直人（スポーツナビ）
装丁ディレクション 今村亮（asobot）
デザイン 石川ヤスヒト（RIVER）、山崎将弘（YMSKKJM）
撮影 皆川聡（MILD）

印刷所 中央精版印刷株式会社
製本所 中央精版印刷株式会社